그린어스의 꼼꼼한 식물 생활 안내서

방구석 가드너를 위한

# 실내 가드닝 & 플랜테리어

## 작가의 말

식물을 키우는 일은 언제나 즐겁습니다. 흙이 물을 머금는 소리, 새잎이 돋는 순간의 설렘, 시간이 흐르며 무성해지는 모습에서 위로를 얻습니다. 저는 어린 시절 시골에서 작은 과수원을 가꾸던 아버지 곁에서 자라며 자연스럽게 식물과 가까워졌고, 초록이 주는 평온함을 일찍부터 느꼈습니다. 하지만 성인이 되어 도시에서 자취를 시작하면서 식물과 멀어졌고, 바쁜 생활 속에서 자연을 가까이 두고 싶다는 마음도 점차 희미해졌습니다.

그러다 결혼 후, 다시 식물을 떠올리게 되었습니다. 새로 시작하는 공간을 푸르게 채우고 싶다는 마음이 들어 신혼집에 인도고무나무를 들였습니다. 어느 날 보니 줄기 끝에서 새잎이 돋아나고 있었습니다. 조그만 초록빛 잎이 조심스럽게 펼쳐지는 모습이 어찌나 신기하고 기특하던지요.

회사 생활을 하면서 지치는 날이 많았습니다. 왕복 3시간의 출퇴근, 반복되는 업무, 눈에 보이지 않는 성과 속에서 성취감을 느끼기란 쉽지 않았습니다. 특히 사람들에게 치이는 날이면 더는 누구와 대화를 나누고 싶은 마음조차 들지 않았습니다. 하지만 집에 돌아와 화분 앞에 서는 순간, 그런 마음들이 조금씩 풀어지기 시작했습니다. 살아 있지만 소리가 없는 존재, 식물은 아무 말도 건네지 않았지만 그 조용함이 오히려 큰 위로가 되어 주었습니다.

이른 새벽 눈을 뜨자마자 가장 먼저 식물을 살폈습니다. 어제보다 잎끝이 조금 올라갔는지, 줄기가 살짝 자란 건 아닌지 하나하나 확인하는 일이 어느새 하루의 시작이 되었습니다. 퇴근 후에도 가장 먼저 화분들을 둘러보며 물을 주고 잎을 쓰다듬었습니다. 그렇게 식물과 함께하는 시간이 조금씩 쌓이면서 하루가 조금 더 풍요로워지고, 마음은 조금 더 단단해졌습니다.

식물을 기록하고 공유하고 싶어 SNS도 시작했습니다. 처음에는 단순히 성장 과정을 기록하는 정도였지만 점점 식물에 대해 깊게 이야기 나누는 공간이 되었고, 자연스럽게 같은 관심사를 가진 가드너 식물 친구들이 생겨났습니다. 키우는 식물의 변화와 관리 팁을 서로 나누면서 더 재미있게 키울 수 있었고, 배울 점도 많았습니다. 식물 덕분에 새로운 관계가 만들어진다는 것이 놀라웠습니다. 식물 친구들은 구하기 힘든 희귀한 식물도 선뜻 잘라서 나눠 주곤 했습니다. "이거 키워 보고 싶지 않아요? 하나 가져가세요."라며 식물을 건네는 모습이 참 따뜻하게 느껴졌습니다. 저도 그런 문화를 닮고 싶어 식물 나눔을 많이 하게 되었습니다. 작은 잎 하나를 건네주며 함께 키우고, 성장 과정을 공유하는 것이 마치 공동 육아를 하는 듯한 재미를 주었습니다.

최근 제가 임신 준비 중일 때, 식물 친구에게 '엄마와 딸'이라는 별명을 가진 크로톤 코디아에엄의 삽수를 하나 선물 받았습니다. 몇 달이 지나자 길게 뻗은 잎 끝에 작은 잎이 돋아나기 시작했고, 그 무렵 저도 새로운 생명을 품게 되었습니다. 마치 식물이 제게 작은 기적을 예고해 준 것처럼 느껴졌습니다. 그렇게 '엄마와 딸'은 제게 반려 식물을 넘어, 특별한 의미를 가진 존재가 되었습니다.

처음 출판 제안을 받았을 때 한참을 망설였습니다. 저보다 훨씬 식물을 잘 키우고, 깊이 있는 지식을 가진 전문가들이 많은데 과연 제가 책을 써도 될까 하는 생각이 들었기 때문입니다. 식물은 "이렇게 키워야 잘 자란다."라고 단정 지어 말하기가 늘 조심스럽습니다. 같은 식물이라도 키우는 사람의 성향, 환경 등 수많은 요소에 따라 완전히 다르게 반응하기 때문입니다. 하지만 그렇기에 오히려 저처럼 작은 방에서, 발코니 하나 없이 식물을 건강하게 키워 온 경험이 누군가에게는 도움이 될 수 있겠다는 생각이 들었습니다. 특히 실내에서만 식물을 키워야 하는 초보 가드너라면, 어디서부터 시작해야 할지 막막할 수 있으니까요.

제가 그동안 겪은 시행착오와 경험을 바탕으로, 식물을 처음 키우는 사람도 따라 할 수 있도록 기초 가드닝 지식부터 다양한 식물 소개, 플랜테리어 방법까지 차근차근 정리했습니다. 환경에 구애받지 않고, 누구나 즐겁게 식물을 기를 수 있으면 좋겠습니다.

## 일러두기

식물의 이름은 국내에서 주로 사용되는 유통명으로 표기했습니다. 각 식물을 자세히 소개하는 PART 2에서는 학명을 함께 표기했습니다.

## 알아 두면 좋은 가드닝 용어

**공중습도:** 공기 중에 포함된 수증기의 양으로, 식물이 잎을 통해 느끼는 습기의 정도입니다.

**괴근:** 구근의 일종으로, 뿌리가 비대해져 영양분과 수분을 저장할 수 있는 구조입니다.

**구근:** 식물의 뿌리, 줄기 등 양분 저장 기관이 비대해져 알뿌리 형태가 된 것입니다.

**기근(공중뿌리):** 흙이 아닌 공기 중으로 뻗어 나온 뿌리입니다. 몬스테라, 스킨답서스 같은 식물에서 흔히 볼 수 있으며, 수분과 영양분을 흡수하거나 다른 물체를 붙잡는 역할을 합니다.

**눈자리:** 줄기에서 새싹이나 가지, 잎이 돋아날 수 있는 지점입니다.

**목본식물:** 줄기가 나무처럼 단단하게 자라는 식물입니다. 실내에서 키우는 목본식물로는 고무나무, 초코리프 등이 있습니다.

**목질화:** 줄기나 가지가 성장하면서 나무처럼 단단해지고 갈색으로 변하는 현상입니다.

**물마름:** 흙이 마른 상태입니다. 정도가 심하면 잎이나 줄기가 시들고 축 처지는 현상이 생깁니다.

**부작:** 식물을 흙 없이 나무, 돌 등에 착생시켜 키우는 방법입니다. 주로 난 종류를 부작으로 많이 키웁니다.

**삽목(꺾꽂이):** 식물의 줄기나 가지, 잎의 일부를 잘라 새로운 식물을 만들어 내는 번식 방법입니다. 자른 삽수를 물, 흙, 수태 등에 꽂아 번식시킵니다.

**삽수:** 삽목을 위해 식물에서 잘라 낸 줄기나 가지, 잎입니다.

**잎자루:** 잎과 줄기의 연결 부위입니다.

**자구:** 모체의 뿌리에 감자 알맹이처럼 단단하게 생기는 작은 구근입니다.

**자촉:** 모체에 연결되어 새로 자라나는 새끼 개체입니다. 어느 정도 자라면 분리해 독립적인 식물로 키울 수 있습니다.

**토피어리:** 식물을 다듬고 가꾸어 특정한 모양으로 만드는 조형 기법입니다.

**하엽:** 식물의 아래쪽 잎입니다.

**활착:** 식물의 뿌리가 흙이나 지지대 등에 단단히 붙어 안정적으로 자리를 잡는 것을 말합니다. 분갈이 후 새로운 흙에 뿌리를 잘 내렸거나, 기근이 수태봉이나 코코넛 지지대에 잘 달라붙었을 때 '활착되었다'라고 말합니다.

# 목차


작가의 말 • 2

일러두기 • 4

알아 두면 좋은 가드닝 용어 • 5

PART 1.

## 실내 가드닝을 위해 알아야 할 기초 지식

chapter 1

**실내 가드닝을 위한 준비물**

**실내 가드닝 도구** • 14

필수 도구 • 14　추천 도구 • 16　재활용품 활용 도구 • 21

**화분** • 23

화분의 재질 • 23　화분의 형태 • 26　식물과 잘 어울리는 화분 고르기 • 28

**흙** • 30

흙의 특성 • 30　흙의 종류 • 31　흙 배합하기 • 35

chapter 2

**식물을 위한 환경 조성**

**빛** • 40

햇빛 • 40　식물등 • 42　빛을 이용해 식물 예쁘게 키우기 • 45

**통풍** • 46

통풍 방법 • 46　통풍이 어려운 환경에서 과습 방지하기 • 47

**온도와 습도** • 49

온습도 관리의 중요성 • 49　온도 조절 방법 • 50　습도 조절 방법 • 51

chapter 3
**식물 기본 관리법**

**물 주기** • 54
물 주기 방법 • 54

**분갈이** • 59
분갈이가 필요한 식물 상태 • 60　분갈이 방법 • 61

**가지치기 및 수형 관리** • 64
가지치기의 기본 • 64　외목대 수형 만들기 • 65　리스 만들기 • 66
분재 철사로 가지 유도하기 • 68

**번식** • 69
물꽂이(물 삽목) • 69　잎꽂이(잎 삽목) • 71　흙 삽목 & 수태 삽목 • 72
뿌리 찢기(포기나누기) • 72　파종(종자 번식) • 73　휘묻이 • 75
공중 취목 • 75　그 밖의 번식법 • 77

**비료** • 78
비료의 주요 성분 • 79　비료의 종류 • 80

**병충해** • 84
병충해 예방 방법 • 84　병충해의 종류 • 86

PART 2.
## 다양한 매력의 식물 알아보기

chapter 1
**꽃을 피우는 식물**

미니 바이올렛 • 94　블루 사파이어 호접란 • 96　수선화 • 98
제라늄 • 100　헤르니아 필란시 • 102　호야 • 104

chapter 2
**잎의 무늬와 잎맥이 매력적인 식물**

몬스테라 알보 • 110　무늬 한련화 • 114　베고니아 마큘라타 • 116
베고니아 푸토엔시스 • 118　아리스톨로키아 레우코네우라 • 120
안스리움 도라야키 실버 • 122　알로카시아 프라이덱 • 124
저스티시아 바리에가타 • 126　파이퍼 실버티쿰 • 128
필로덴드론 버랄막스 바리에가타 • 130　필로덴드론 소디로이 • 132
하월시아 • 134

chapter 3
**잎의 모양이 매력적인 식물**
구갑룡 • 138　마니홋 그라하미 • 140　몬스테라 아단소니 • 142
스테파니아 세파란타 • 146　알로에 • 148　알리고무나무 • 150
오리발 시계초 • 152　인도고무나무 • 154　크로톤 코디아에엄 • 156
테이블야자 • 158　필로덴드론 빌리에티에 • 160　필로덴드론 토텀 • 162
필로덴드론 플로리다뷰티 바리에가타 • 164

chapter 4
**잎의 색이 매력적인 식물**
디스코레아 디스컬러 • 168　스트로만테 멀티컬러 • 170　초코리프 • 172
칼라디움 화이트퀸 • 176　필란투스 미라빌리스 • 178

chapter 5
**풍성한 수형의 식물**
무늬 보스턴 고사리 • 182　스파티필룸 • 186　칼라데아 오르비폴리아 • 188
필로덴드론 글로리오섬 • 192

chapter 6
**길게 늘어지는 수형의 식물**
녹영 • 196　보라싸리 • 198　안스리움 비타리폴리움 • 200
엔젤 스킨답서스 • 204　원숭이꼬리 선인장 • 206

PART 3.

## 집의 분위기를 만드는 플랜테리어

chapter 1
**플랜테리어 시작하기**

**플랜테리어 기본 팁 3가지** • 212

**덩굴식물 활용하기** • 214

**가구와 소품 활용하기** • 217

식물 선반 활용하기 • 217 소품 활용하기 • 220

chapter 2
**공간별 플랜테리어**

**거실** • 224

행잉 식물 활용하기 • 225 대형 식물 활용하기 • 228

**서재** • 231

식물등 활용하기 • 231 소형 식물 활용하기 • 232

**주방** • 236

수경 재배 식물 활용하기 • 236

PART 4.

## 식집사들이 자주 묻는 Q&A

식물을 크게 키우는 팁이 있나요? • 242

많은 식물들에게 물을 쉽게 주는 방법이 있나요? • 243

잎 상태가 이상한데, 과습인지 물마름인지 모르겠어요. • 244

집을 비울 때 식물 관리는 어떻게 하나요? • 245

건강한 식물은 어떻게 고르나요? • 247

내 취향에 맞는 식물은 어떻게 찾을 수 있을까요? • 248

식물 구매처를 추천해 주세요. • 249

PART 1.

# 실내 가드닝을 위해 알아야 할 기초 지식

KOPPERT

chapter 1

# 실내 가드닝을 위한 준비물

식물 하나를 키우더라도 잘 키우기 위해 꼭 필요한 준비물들이 있습니다. 자연 환경에서는 비도 내리고 뿌리가 뻗어 나갈 흙도 충분하지만, 실내 가드닝에서는 우리가 자연을 대신해야 합니다. 가드닝을 윤택하게 만들어 줄 도구, 식물을 더 건강하게 하고 때로는 예뻐 보이게 하는 화분, 그리고 뿌리가 뻗어 나갈 수 있는 좋은 흙. 이 세 가지 준비물은 실내 가드닝의 기본이자 핵심입니다. 처음에는 최소한으로 시작해도 괜찮습니다. 중요한 것은 각 준비물의 용도를 이해하고, 내 식물에게 필요한 것을 선택하는 일입니다.

# 실내 가드닝 도구

식물을 키우다 보면 가드너들이 흔히 하는 "가드닝도 장비빨이다."라는 말을 실감하게 됩니다. 적절한 도구는 가드닝의 즐거움을 배가시키고 효율을 높여 줍니다. 페트병으로 식물에 물을 주다가 흙이 넘치고 물이 바닥에 흥건히 고였던 경험이 있다면, 긴 주둥이가 달린 물뿌리개 하나가 얼마나 소중한지 바로 깨닫게 되지요. 이제 실내 가드닝을 위한 다양한 도구들을 살펴보고, 각 도구의 활용법과 선택 팁도 함께 알아보겠습니다.

## 필수 도구

**• 물뿌리개**

컵이나 페트병으로도 물을 줄 수 있지만 물뿌리개를 사용하면 좀 더 편리합니다. 주둥이가 긴 물뿌리개를 사용하면 드립커피를 내리듯이 물을 흙 표면에 균일하게 흡수시킬 수 있습니다. 식물을 많이 키운다면 대용량 전동 물뿌리개로 더욱 편리하게 물을 줄 수도 있습니다. 다이소 롱스트로우 물조루, 이케아 바텡크라세 물뿌리개를 추천합니다.

**• 가위**

식물이 건강하게 성장하도록 마른 잎이나 가지를 제거할 때 사용합니다. 절삭력이 좋은 다목적 가위를 사용하면 가지뿐만 아니라 분재 철사나 얇은 지지대도 자를 수 있어 활용도가 높습니다. 가지치기할 때는 식물의 감염을 방지하기 위해

가위를 알코올 솜이나 소독제로 깨끗이 닦은 후 사용하는 것이 좋습니다. 티스투(tistou) 다목적 가위를 추천합니다.

**• 분갈이 삽**

분갈이할 때 흙을 깔끔하게 다룰 수 있습니다. 소재는 녹슬지 않는 스테인리스나 플라스틱이 좋고, 작은 화분을 많이 키운다면 끝이 뾰족한 삽을 고르는 것이 좋습니다. 이케아 그레스마뢰 모종삽을 추천합니다.

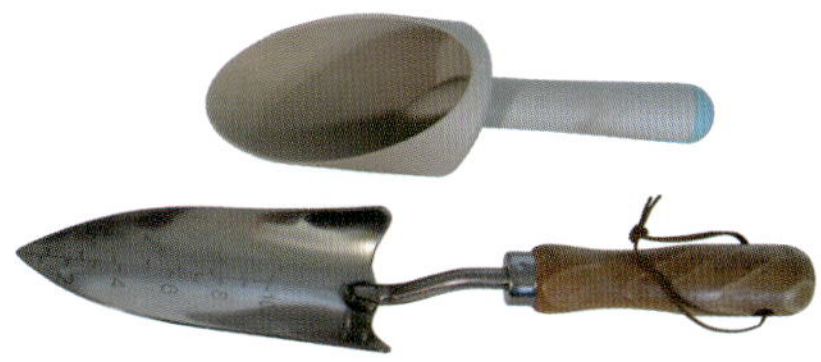

**• 지지대**

식물이 성장하면서 필요한 다양한 길이의 지지대를 준비해 두는 것이 좋습니다. 특히 고리가 달려 있는 오링 지지대는 빵끈이나 벨크로 타이 없이도 가지를 고정할 수 있어 편리합니다. 분갈이 시 뿌리가 화분에 붙어 있을 경우, 지지대를 활용해 뿌리를 살살 분리하면 손상 없이 떼어 낼 수 있습니다.

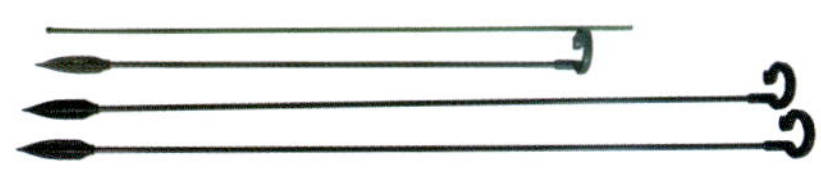

TIP 지지대 끝이 날카로워 다칠 수 있으니 보호 캡을 씌우거나 테이프 등으로 마감 처리하는 것이 안전합니다.

**• 벨크로 타이**

지지대와 가지를 묶거나 가지끼리 묶어 식물의 수형을 잡을 때 사용합니다. 원하는 길이로 잘라 사용할 수 있으며 재사용이 가능해 친환경적입니다.

• **깔망**

화분의 배수구에 깔아 배수와 통기성을 유지하면서 흙이 유실되는 것을 방지합니다. 화분마다 배수구의 크기가 다르기 때문에 가위로 잘라서 사용할 수 있는 깔망을 추천합니다.

• **온습도계**

온습도를 적절히 관리하면 식물의 성장 환경을 최적화할 수 있습니다. 실내의 온도와 습도를 동시에 측정할 수 있는 디지털 온습도계를 추천합니다. 식물 선반이나 식물을 키우는 공간 가까이에 배치해 두면 편리합니다.

## 추천 도구

• **분무기**

잎의 먼지를 제거하거나 수분을 추가로 공급할 때 사용합니다. 관엽식물이 새잎을 낼 때 분무해 주면 잎이 찢어지는 것을 방지할 수 있습니다. 전동 분무기를 사용하면 손목이 아프지 않게 분사할 수 있습니다. 비료나 살충제를 희석해 사용할 때는 일반 수동 분무기를 사용해야 고장 나지 않습니다.

• **소스 통**

작은 화분에 물을 줄 때 물이 튀지 않도록 섬세하게 줄 수 있습니다.

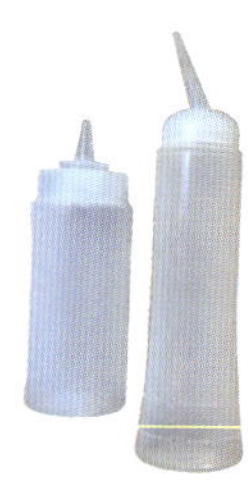

• **수분 측정기**

흙의 수분 상태를 확인해 과습이나 건조를 방지하고, 식물의 물 주기 간격을 조절할 수 있습니다.

• **집게**

선인장이나 다육식물의 잎을 다치지 않게 다룰 때, 테라리움에서 흙 정리를 하거나 식물을 식재할 때 사용합니다.

• **미니 집게**

식물의 작은 가지와 지지대를 간편하게 고정할 수 있습니다.

• **분재 철사**

식물의 가지를 원하는 방향으로 유도하고 수형을 잡을 때 사용합니다. 두꺼운 철사는 원하는 크기의 원형 리스 지지대를 만들거나 행잉 화분 걸이로 사용할 수 있습니다.

• **식물등**

빛이 부족한 식물의 광합성을 도와줍니다. 실내 공간과 식물 배치에 따라 적합한 모양의 식물등을 고르는 것이 좋습니다.

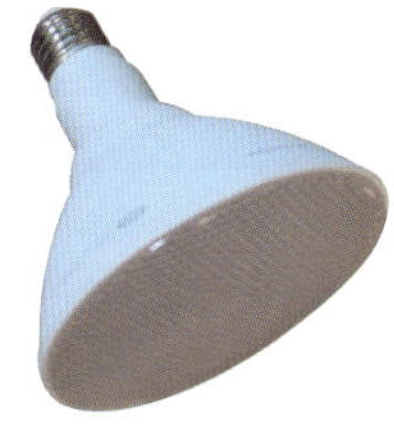

• **콘센트 타이머**

식물등, 가습기, 서큘레이터 등을 자동으로 켜고 끄는 자동화 시스템을 구성할 수 있어 관리 시간이 줄어듭니다.

TIP 와이파이 연결 기능이 있는 스마트 콘센트는 스마트폰으로 제어가 가능해 편리합니다.

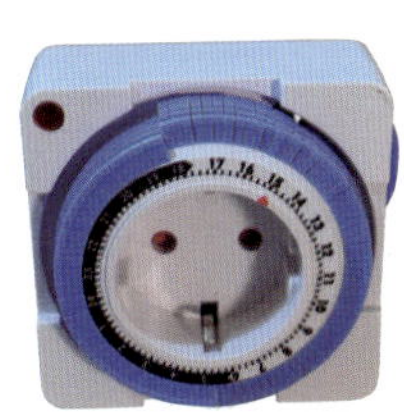

**• 루페**

해충 및 천적을 확인하는 확대경입니다. 해충뿐만 아니라 식물 잎과 줄기를 확대해서 구경하는 재미도 있습니다.

**• 이름표**

다양한 식물을 키울 때 식물 이름, 데려온 날짜 등을 기록해 두기 좋습니다. 플라스틱 소재의 이름표에 수성 마커로 적으면 재사용도 가능합니다. 케이블 네임택은 작은 화분이나 부작판 고리 부분에 걸어 두기 좋습니다.

**• 행잉 걸이**

플라스틱 슬릿 화분에 연결해 행잉 화분을 만들 수 있습니다.

**• 인두**

플라스틱 화분의 배수구 또는 통기구를 추가로 뚫거나, 일회용 플라스틱 컵에 배수구를 뚫어 DIY 화분을 만들 때 유용합니다.

**• 화분 슬라이더**

무거운 화분의 화분 받침 밑에 붙이면 화분을 손쉽게 밀 수 있습니다.

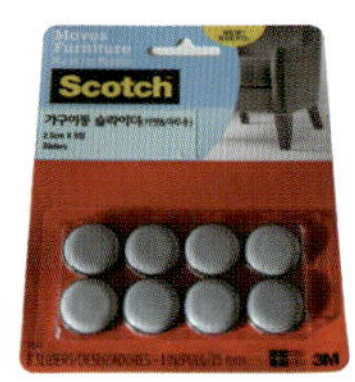

• **수태봉**

수태를 봉 형태로 만든 식물 지지대입니다. 식물의 기근을 고정하며 습도를 유지해 건강한 성장을 돕습니다. 식물의 성장에 따라 길이를 연장할 수 있는 제품이 좋으며, 원활한 기근 활착을 위해 수태가 젖어 있도록 관리해 주어야 합니다.

TIP 코코넛 껍질로 만든 지지대인 코코봉은 실내 습도에서는 기근 활착이 어려우므로 추천하지 않습니다.

• **물대롱**

수태봉 관리가 부담스러운 경우 물대롱으로 기근을 발달시켜 흙으로 유도해 줄 수 있습니다. 작은 삽수를 물꽂이할 때 사용해도 좋습니다.

• **분갈이대**

분갈이 작업 시 흙이 흩어지는 것을 방지해 깔끔한 작업 환경을 유지합니다. 접이식 분갈이 매트는 사용 후 보관이 간편합니다.

• **수납 서랍**

일반적인 수납 용도의 서랍에 다양한 종류의 흙이나 자재를 깔끔하게 분리해 보관할 수 있습니다. 투명한 서랍을 사용하면 흙의 종류와 잔량을 쉽게 확인할 수 있어 편리합니다.

• **가습기**

습도가 낮은 겨울철이나 건조한 환경에서 일부 식물은 잎 끝이 마르거나 성장이 저해될 수 있어 가습기가 필요합니다. 굴뚝형이나 타워형 가습기는 수증기가 높고 넓게 퍼져서 습도를 올리기 좋고, 일반 가습기라면 선반 등에 올려 두고 사용하는 것이 좋습니다.

• **서큘레이터**

공기 순환을 도와 곰팡이와 병충해를 예방하며, 식물의 증산작용을 활성화합니다. 디지털 방식의 서큘레이터는 콘센트 전원이 꺼진 후 다시 켜졌을 때 자동으로 켜지지 않으므로, 콘센트 타이머나 스마트 콘센트와 함께 사용한다면 아날로그식 버튼이 있는 제품이 좋습니다.

## 재활용품 활용 도구

**• 페트병**

병뚜껑에 구멍을 뚫어 해바라기 물뿌리개를 만들 수 있습니다. 작은 사이즈의 페트병은 사선으로 잘라 모종삽 대신 사용하기 좋습니다.

**• 일회용 플라스틱 숟가락**

소형 삽으로 사용해 작은 화분을 분갈이할 때 섬세하게 작업할 수 있습니다. 손잡이 부분을 잘라 식물 이름표로 사용할 수도 있습니다.

**• 빨대**

단단한 빨대는 지지대로 사용할 수 있고, 굵은 버블티 빨대는 기근을 흙으로 유도할 때 유용합니다.

**• 피자 고정 핀**

쓰러지기 쉬운 어린 식물을 세워 주거나, 덩굴식물을 휘묻이할 때 줄기와 흙을 고정하기 좋습니다.

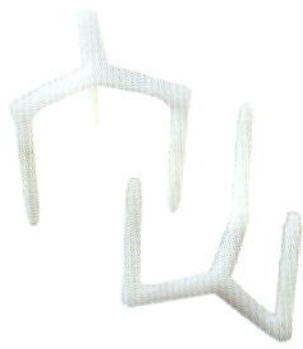

**• 즉석밥 용기**

깊이와 크기가 적당해, 화분 받침으로 사용하거나 작은 수생식물을 키우기 좋습니다.

• **투명 플라스틱 용기**

투명한 플라스틱 용기는 식물의 뿌리나 흙의 상태를 눈으로 확인하기 좋습니다. 일회용 컵은 인두로 바닥에 구멍을 뚫어 화분으로 사용할 수 있습니다. 뚜껑이 있는 용기는 미니 테라리움이나 미니 온실을 만들 수 있고, 높은 습도에서 잘 번식하는 식물을 번식시킬 때도 사용합니다.

• **유리병, 알루미늄 캔**

수경 재배를 하거나 물꽂이로 번식할 때 사용합니다. 투명한 유리병은 뿌리를 관찰하기 좋지만, 불투명한 유리병이나 알루미늄 캔에서 뿌리가 더 잘 자랍니다.

• **달걀판**

씨앗을 파종할 때 파종 트레이로 사용합니다.

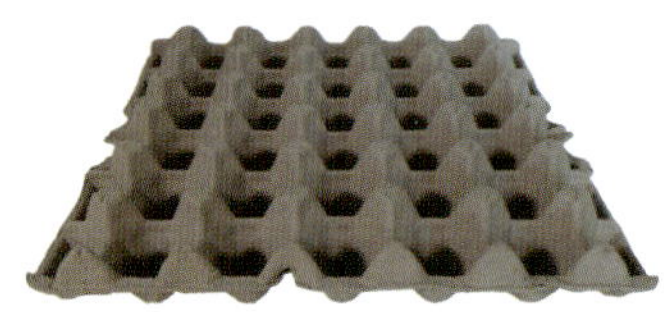

# 화분

화분은 식물의 성장과 건강에 직접적인 영향을 미치는 중요한 요소입니다. 디자인도 중요하지만, 화분의 재질과 형태에 따른 장단점도 함께 이해하고 선택하면 더욱 실용적입니다. 저는 식물을 처음 키우기 시작했을 때 흔히 판매되는 독일 토분과 이태리 토분을 주로 사용했어요. 그런데 관리하는 화분이 많아지다 보니 토분은 무겁기도 하고 일부는 유약 처리가 되어 있어 통기성이 별로 좋지 않아 점점 사용하지 않게 되더라고요.

"식물은 죽어서 화분을 남긴다."라는 말, 들어 보셨나요? 화분은 깨지지 않는 한 오랫동안 사용할 수 있는 아이템이니 배수성, 통기성, 재질, 무게 등을 고려해 나와 내 식물에게 맞는 화분을 선택하는 것이 경제적이고 효율적인 방법입니다.

## 화분의 재질

**• 저화도 토분**

낮은 온도에서 구운 토분입니다. 통기성과 배수성이 뛰어나 과습 방지에 좋습니다. 흙에 스며든 물이 화분을 통해 증발하면서 주변 습도를 높여 주기도 해요. 토분에 물이 흡수되어 색이 변하는 모습이 눈에 보이므로 물마름 등 식물의 상태를 더 직관적으로 파악할 수 있다는 장점도 있습니다. 시간이 지나면서 화분 표면에 흙물이 배거나 이끼, 곰팡이가 발생할 수 있고 염분이 쌓여 하얗게 변할 수도 있습니다. 이런 변화가 빈티지한 멋을 더해 오히려 매력적인 요소가 될 수도 있지만, 거슬린다면 정기적으로 세척을 해야 합니다.

• **고화도 토분**

높은 온도에서 구운 토분입니다. 두 번 구워 더욱 단단하고 내구성이 높아 쉽게 깨지지 않습니다. 표면이 매끄럽고 물이 스며들지 않아 시간이 지나도 비교적 깔끔하게 유지할 수 있습니다. 저화도 토분보다 통기성이 낮고 물마름이 덜합니다. 저화도 토분에 비해 가격이 다소 높은 편입니다.

**TIP!**

**토분 세척 방법**

토분은 시간이 지나면서 흙물이 들거나 염분이 쌓여 하얗게 변할 수 있습니다. 이를 깨끗하게 관리하려면 먼저 사용하지 않는 칫솔이나 솔을 이용해 표면의 흙과 이물질을 제거합니다. 그다음 식초나 베이킹 소다, 구연산 중 한 가지를 물에 희석해 토분을 약 30분간 담가 두었다가 부드러운 솔로 문질러 닦아 내면 됩니다. 보다 강력한 세척이 필요할 경우, 락스를 물에 희석해 똑같은 방식으로 세척합니다. 단, 락스를 사용할 경우 반드시 환기가 잘되는 곳에서 작업하고, 사용 후 깨끗이 헹궈 화분에 잔여 화학 물질이 남지 않도록 해야 합니다. 모든 용액의 희석 비율은 제품 설명을 참고하고, 세척 후에는 반드시 햇볕에서 충분히 건조해 곰팡이 발생을 방지합니다.

• **유약분**

표면이 유약으로 코팅되어 있어 물이 스며들지 않아 수분 유지력이 뛰어납니다. 흙물이 들지 않아 깔끔하고 다양한 색상과 질감, 디자인으로 인테리어 효과도 좋습니다. 하지만 무겁고 통기성이 낮아 과습에 신경 써야 하며, 배수구가 없는 디자인일 경우 특히 주의가 필요합니다.

**• 연질분**

식물을 구입할 때 흔히 볼 수 있는 얇고 유연한 재질의 화분입니다. 일반 플라스틱 화분보다 통기성이 좋고 가벼워 씨앗 발아나 식물 번식 시 유용합니다. 내구성이 낮아 장기간 사용하면 찢어질 수 있으므로 임시 화분으로 사용하기 적합합니다.

**• 플라스틱 화분**

가볍고 크기와 디자인이 다양하며 가격도 저렴합니다. 일반 플라스틱 화분은 통기성이 낮아 과습의 위험이 있는데, 화분에 추가로 구멍을 뚫어 개선할 수 있습니다. 통기성을 개선한 플라스틱 슬릿 화분은 화분 벽에 좁고 긴 틈이 있어 수분 배출이 용이합니다. 또한 뿌리가 공기와 접촉할 수 있어 자연스러운 성장을 유도하며 뿌리 서클링을 방지합니다. 투명한 슬릿 화분은 뿌리의 성장이 잘 보이고 흙의 물마름 정도를 파악하기 쉬운 대신 빛을 쉽게 받아 흙에 이끼가 생기거나 뿌리가 목질화될 수 있습니다.

▲ 플라스틱 슬릿 화분

**TIP!**

**뿌리 서클링**

뿌리 서클링은 뿌리가 원형 구조를 따라 돌면서 성장하다가 엉키거나 화분 벽을 따라 한 방향으로만 뻗는 현상입니다. 뿌리가 엉키면 흙과의 접촉 면적이 줄어들어 물과 영양분을 흡수하기 어려워지며, 뿌리에 공기가 잘 통하지 않아 썩을 위험이 있습니다. 또한 분갈이 시 엉킨 뿌리를 풀어 주다가 뿌리가 손상되기도 쉽습니다. 뿌리 서클링을 방지하기 위해서는 주기적인 분갈이를 해 주거나, 슬릿 화분을 사용합니다.

## 화분의 형태

**• 원형 화분**

가장 보편적으로 사용하는 화분 형태입니다. 물과 영양분이 흙 전체로 고르게 퍼지도록 해 주고, 화분 벽이 부드럽게 이어져 있어 초기 뿌리 성장에 유리합니다. 단, 오랫동안 분갈이를 하지 않으면 뿌리 서클링이 발생할 수 있습니다.

**• 사각 화분**

좁은 공간에 여러 개를 배치할 수 있어 공간 효율성이 좋습니다. 옆으로 긴 직사각형 화분에는 필로덴드론 글로리오섬처럼 흙 위로 기어서 자라는 식물을 키우기도 좋습니다. 단, 뿌리가 한쪽 모서리에 집중되어 엉킬 수 있습니다.

▲ 직사각형 화분에 심은 필로덴드론 글로리오섬

• **깊은 화분 & 얕은 화분**

깊은 화분은 뿌리를 깊게 내리는 목본식물 등에 적합합니다. 흙이 깊어 수분이 오래 유지되므로 물 주기 간격이 늘어납니다. 단, 화분 높이가 너무 높으면 식물 무게에 따라 쓰러질 수 있고 배수가 부족하면 화분 아래쪽에 물이 고여 과습이 될 수 있습니다.

얕은 화분은 흙이 얕고 물이 빠르게 말라 과습의 위험이 적습니다. 얕은 흙에서 잘 자라는 다육식물, 뿌리가 깊지 않은 소형 식물, 아프리카 식물 등에 적합하며 분재 화분으로도 많이 사용합니다.

• **저면관수 화분**

흙 아래에서부터 천천히 물을 흡수하는 저면관수의 원리로 식물이 물을 필요한 만큼 흡수할 수 있습니다. 일정 시간 물 주기 걱정이 없고, 화분 받침에 물이 넘치지 않아 깔끔하게 키울 수 있습니다. 물을 좋아하는 아디안툼 고사리, 잎에 물이 닿으면 안 되는 베고니아 등에 적합합니다.

배수구가 없는 화분에 슬릿 화분 등을 넣어 키우는 단순한 방식의 저면관수 화분, 상단 화분에 연결된 흡수 심지로 하단 화분의 물을 흡수하는 방식의 자동 급수 화분이 있습니다. 물 주기에 자신이 없는 경우, 자동 급수 화분을 사용하면 과습과 건조로부터 식물을 지킬 수 있습니다.

▲ 단순한 방식의 저면관수 화분

▲ 자동 급수 화분

## 식물과 잘 어울리는 화분 고르기

### 형태와 질감 고려하기

식물과 어울리는 화분을 고를 때는 형태와 질감을 고려하면 좋습니다. 먼저 식물의 형태에 따라 화분을 선택하면 전체적인 선이 자연스럽게 이어져 안정적이고 세련된 인상을 줄 수 있습니다. 줄기 부분이 굵거나 전체적으로 묵직한 형태를 가진 식물은 둥글고 넓은 화분과 잘 어울립니다. 예를 들어, 아프리카 괴근 식물처럼 줄기와 몸통이 두껍고 통통한 식물은 입구가 넓은 원형 화분에 심으면 안정적이고 식물의 존재감이 돋보입니다.

반대로 높게 자라고 수직으로 뻗는 식물은 세로로 긴 화분에 심는 것이 좋습니다. 올리브나무나 아레카야자처럼 위로 뻗는 식물은 길고 슬림한 화분에 심으면 식물과 화분의 선이 자연스럽게 이어지면서 깔끔하고 고급스럽게 연출됩니다. 단, 이 경우 무게중심이 위로 쏠릴 수 있으므로 무게감 있는 화분을 사용하는 것이 좋습니다. 고사리처럼 잎이 풍성하게 옆으로 퍼지거나 아래로 흐르는 형태의 식물은 낮고 넓은 화분에 심으면 자연스럽게 잎이 퍼지면서 공간을 부드럽게 채워 줍니다.

식물 잎의 질감과 화분의 소재를 비슷하게 맞추면 자연스럽고 깔끔한 인상을 줄 수 있습니다. 매끈하고 윤기 나는 잎은 유광 화분과 잘 어울리고, 부드럽고 매트한 질감의 잎은 테라코타 같은 자연 소재 화분과 잘 어울립니다. 큰 고민 없이도 통일감 있고 안정적인 분위기를 만들 수 있으므로 초보자라면 이 방법을 추천합니다. 반대로 잎의 질감과 다른 느낌의 화분으로 대비를 주어 식물을 돋보이게 할 수도 있습니다.

1

2

3

**1.**둥글고 넓은 화분에 심은 스테파니아 노바 **2.**길고 슬림한 화분에 심은 에버 프레시 **3.**낮고 넓은 화분에 심은 오일펀 고사리

## 피해야 할 식물과 화분 조합

### (1) 잎이 길게 늘어지는 식물 + 가벼운 플라스틱 화분

잎이 아래로 길게 늘어지는 식물은 무게중심이 아래로 쏠려 화분이 쉽게 넘어질 수 있습니다.

### (2) 키가 크고 잎이 무거운 식물 + 좁고 긴 화분

식물이 자라면서 무게중심이 위로 쏠려 화분이 쉽게 넘어질 수 있습니다.

### (3) 물을 많이 주어야 하는 식물 + 배수 구멍 없는 화분

화분에 물이 고여 뿌리가 썩습니다.

### (4) 뿌리를 깊게 내리는 식물 + 얕은 화분

뿌리가 제대로 자리 잡지 못해 식물이 약해집니다.

**Greenus Story**

**나만의 화분 만들기**

애정하는 식물에게 어울리는 예쁜 옷을 찾아 주는 것도 가드닝의 큰 즐거움입니다. 다양한 화분을 사 모으다 보니 직접 만들어 보는 것도 재미있겠다 싶어 남편과 함께 도자기 원데이 클래스를 신청했어요. 생각보다 너무 재미있어서 정규반까지 등록하고, 주말마다 공방에서 물레를 돌렸습니다. 내가 원하는 모양과 크기로 화분을 빚고 저화도로 구울지 고화도로 구울지, 어떤 유약을 바를지 고민하는 과정이 정말 즐거웠어요. 그렇게 정성을 담아 만든 화분에 식물을 심으니 애정이 더 깊어지더라고요. 덕분에 흔히 말하는 '식태기(식물 키우기 권태기)'도 없었던 것 같아요. 처음부터 정규반을 등록하기 부담스럽다면 원데이 클래스로도 나만의 화분을 만들어 볼 수 있습니다. 직접 만든 화분에 식물을 심는 특별한 경험, 한 번쯤 해 보길 추천드려요.

# 흙

식물의 뿌리는 흙 속에서 숨을 쉬고, 물을 마시고, 자라납니다. 공기가 드나들 수 있는 공간을 제공하고, 수분과 영양분을 저장하며, 뿌리를 단단하게 지탱하는 것이 바로 흙의 역할입니다. 흙은 종류에 따라 특성, pH(산성도), 영양 성분이 각기 다릅니다. 같은 식물이라도 흙에 따라 건강하게 자라기도 하고 성장이 더디거나 잎이 노랗게 변하기도 합니다. 여러 가지 흙을 따로 구입하지 않고 식물 가게에서 판매하는 배합토를 사용할 수도 있지만, 가드닝에 익숙해질수록 '내 식물에 꼭 맞는 흙을 직접 배합해 볼까?'라는 생각이 들지도 모릅니다.

## 흙의 특성

### (1) 배수성

배수성은 흙이 물을 흡수하고 빠르게 배출하는 성질을 말합니다. 배수성이 좋은 흙은 뿌리의 과습을 방지하지만, 배수성이 너무 높으면 필요한 수분까지 빠르게 손실될 수 있으므로 적절한 조절이 필요합니다.

### (2) 통기성

통기성은 흙에 공기가 통하는 성질을 말합니다. 통기성이 좋으면 뿌리가 호흡하기에 유리하며, 미생물 활동도 활발해져 뿌리 발달을 촉진합니다. 통기성이 부족하면 생육 부진을 초래할 수 있습니다. 통기성을 개선하기 위해서는 펄라이트, 난석, 마사토 등을 적절히 섞는 것이 좋습니다.

### (3) 보수력

보수력은 흙이 수분을 유지하는 능력을 말합니다. 보수력이 좋은 흙은 물을 오래 머금어 식물의 뿌리가 지속적으로 수분을 흡수할 수 있게 합니다. 그러나 과도한 보수력은 뿌리 부패를 유발할 수 있으므로 배수성이 좋은 재료와 적절히 배합하는 것이 중요합니다.

### (4) 보비력

보비력은 흙이 영양분을 저장하고 공급하는 능력을 말합니다. 보비력이 좋은 흙은 식물이 필요로 하는 영양소를 효과적으로 제공해 건강한 성장을 돕습니다. 유기물이 풍부한 흙, 특히 피트모스나 질석 등이 포함된 흙은 보비력이 뛰어납니다.

## 흙의 종류

**• 상토**

여러 가지 유기물과 무기물을 혼합해 만든 흙입니다. 배수성, 통기성, 보수력을 균형 있게 갖추어 초보자도 쉽게 사용할 수 있는 만능 흙입니다. 일반적으로 피트모스, 펄라이트, 버미큘라이트 등이 혼합되어 있습니다. 살균 처리되어 있어 병해충 걱정이 적습니다. 제조사마다 배합 방식이 다르니 확인 후 구입하는 것이 좋습니다. pH는 약 5.5~7.0으로 중성에 가깝습니다.

**• 마사토**

화강암이 풍화되어 형성된 입자가 굵은 모래로, 배수성과 통기성이 뛰어납니다. 상토와 혼합해 사용하면 배수성을 높일 수 있습니다. 무게가 무거워 화분의 안정성

을 높여 주는데, 대형 화분에는 마사토를 많이 섞으면 매우 무거워지므로 너무 많이 배합하지 않도록 합니다. 시간이 지나면서 진흙 같은 미세 입자가 발생해 배수에 문제가 생길 수 있으므로 세척 마사토를 사용하는 것이 좋습니다. pH는 약 6.0으로 약산성을 띱니다.

**• 적옥토**

일본에서 유래한 화산 점토로, 붉은색을 띠며 입자가 균일합니다. 배수성과 통기성이 뛰어납니다. 건조 시 단단해지고, 수분을 머금으면 다시 부드러워지는 특성이 있습니다. pH는 약 6.0으로 약산성을 띱니다.

**• 펄라이트**

화산암을 고온에서 가열해 팽창시킨 흰색의 가벼운 입자로, 배수성과 통기성이 뛰어나 흙의 배수성을 높일 때 가장 흔하게 사용합니다. 무기질 성분을 가지고 있습니다. 잘 부서지기 때문에 미세한 분진이 발생할 수 있어 바람이 날리는 곳에서 사용할 때 주의해야 합니다. pH는 약 7.0으로 중성입니다.

**• 난석**

화산암이 냉각되면서 형성된 다공질의 작은 돌로, 배수성과 통기성이 뛰어납니다. 무게가 가벼워 화분의 하부 배수층으로 자주 사용됩니다. pH는 약 6.0으로 약산성을 띱니다.

• **산야초**

난석, 녹소토, 동생사 등 배수가 좋은 화산석을 배합한 배합토로 배수성과 통기성이 뛰어납니다. 뿌리 발달이 중요한 식물(야생화, 분재 등)에 많이 사용됩니다. pH는 약 6.0으로 약산성을 띱니다.

• **질석**

열을 가해 팽창시킨 광물로 보수력이 뛰어납니다. 흙에 섞어 보수력을 높이거나 씨앗 발아, 삽목에 사용합니다. 단, 너무 많이 넣으면 보수력이 과다해져 과습을 유발할 수 있습니다. pH는 약 7.0으로 중성입니다.

• **바크**

소나무, 전나무 등의 나무껍질을 잘게 부순 것으로 배수성과 통기성이 뛰어납니다. 난초 등 착생식물에 많이 사용됩니다. 유기물 분해 과정에서 일부 영양분을 공급할 수 있지만, 단독으로는 충분하지 않으므로 추가적인 비료가 필요합니다. pH는 약 4.0~6.0으로 산성을 띱니다.

• **코코피트**

코코넛 껍질을 분쇄해 만든 재료로 통기성과 보수력이 뛰어납니다. 친환경적인 소재이고, 무게가 가벼워 취급이 용이합니다. 제조 과정에서 염분이 포함될 수 있으므로 염분이 제거된 제품을 사용하는 것이 좋습니다. pH는 약 6.0~7.0으로 중성에 가깝습니다.

**• 코코칩**

코코넛 껍질을 잘게 자른 것으로 통기성과 보수력이 뛰어납니다. 난초 등 착생식물에 많이 사용됩니다. pH는 약 5.5~6.5로 약산성을 띱니다.

**• 피트모스**

이끼류가 오랜 시간에 걸쳐 부패해 형성된 유기물입니다. 보수력과 보비력이 뛰어납니다. 가벼운 무게와 부드러운 질감으로 토양 개량에 자주 사용됩니다. pH는 약 4.0~4.5로 산성을 띱니다.

**• 훈탄**

벼의 껍질이나 나무를 탄화시켜 만든 숯입니다. 흙의 유기물 함량을 높여 주고, 살균 및 항균 효과도 있어 뿌리 부패를 방지하는 데 도움을 줍니다. pH는 약 7.5~8.0으로 약알칼리성을 띱니다. 너무 많이 사용하면 흙이 알칼리화될 수 있으므로 적당량(10~20%)만 배합하는 것이 좋습니다.

**• 수태**

이끼를 건조시켜 만든 재료입니다. 식물의 습도를 유지하기에 좋아 테라리움 제작, 수태봉 제작, 뿌리 감싸기, 식물 번식, 씨앗 발아 등에 사용합니다. 압축형 제품이 보관하기에 간편합니다. pH는 약 4.0~5.0으로 산성을 띱니다.

## 흙 배합하기

식물이 건강하게 자라기 위해서는 흙 배합이 매우 중요합니다. 단순히 식물에 맞는 흙을 선택하는 것뿐만 아니라, 식물을 키우는 환경과 관리 스타일을 고려한 맞춤형 배합이 필요합니다. 흙 배합은 정해진 답이 없습니다. 같은 식물이라도 키우는 사람의 물 주기 습관, 실내 습도, 통풍 상태 등에 따라 적합한 흙 조합이 달라질 수 있습니다.

저는 같은 식물이라도 뿌리 발달 상태나 화분 재질에 따라 흙 배합을 다르게 합니다. 뿌리가 많은 경우 흙이 빨리 마를 수 있으니 보수력을 높여 주고, 유약분에 심는 경우 물마름이 느릴 수 있으니 배수성을 높여 주는 식입니다.

식물을 키우다 보면 처음에 사용했던 흙 배합이 꼭 정답은 아니라는 걸 깨닫게 됩니다. 때로는 흙이 너무 빨리 마르는 것 같아 상토를 더 추가하기도 하고, 반대로 과습이 걱정되어 펄라이트를 더 섞어 보기도 합니다. 이렇게 시행착오를 겪으며 내 환경에 가장 적합한 배합을 찾아 가는 것이 좋습니다.

### 식물별 흙 배합 예시

**(1) 필로덴드론, 몬스테라**

상토50% + 바크30% + 펄라이트15% + 훈탄5%

**(2) 알로카시아**

상토60% + 펄라이트35% + 훈탄5%

**(3) 안스리움**

상토40% + 바크40% + 펄라이트15% + 훈탄5%

TIP 과습으로 뿌리를 새로 받아야 할 때는 난석 100%로 배합합니다.

**(4) 칼라데아**

상토60% + 펄라이트25% + 산야초10% + 훈탄5%

**(5) 호야**

상토50% + 코코칩30% + 펄라이트15% + 훈탄5%

**(6) 고사리**

상토60% + 산야초20% + 펄라이트20%

**(7) 아프리카 식물**

산야초70% + 상토30%

TIP 잎이 많이 나오는 종은 상토의 비율을 더 높여 줍니다.

chapter 2

# 식물을 위한 환경 조성

실내에서 식물을 키우기 위해서는 꼭 필요한 조건들이 있습니다. 물론 자연 그대로의 환경을 조성할 수는 없겠지만 빛, 통풍, 온도, 습도 같은 환경 조건을 최소한은 갖춰야 식물이 잘 자랄 수 있어요. 식물을 잘 키우기 위해 조성한 환경이 결국 사람에게도 좋은 환경이 됩니다. 최근에 아기를 낳고 돌보게 되면서 아기에게 가장 적합한 온도는 22~24°C, 습도는 40~60%라는 걸 알게 되었는데, 우리 집은 이미 그 정도의 환경이 유지되고 있었어요. 처음에는 식물들이 자라는 데 필요한 온도와 습도를 신경 써서 관리했지만, 지금은 그에 자연스럽게 맞춰진 환경이 되었습니다.

# 빛

## 햇빛

식물이 생장에 필요한 영양분을 합성하는 광합성을 하기 위해서는 빛이 꼭 필요합니다. 따라서 긴 시간 햇빛이 드는 정남향이나 동남향의 집이 식물을 키우기에 가장 적합합니다. 하지만 햇빛이 잘 드는 집이라고 해도, 창문을 통과해 들어오는 빛은 스펙트럼의 왜곡이 있어 빛의 질과 강도가 자연 상태와 다르기 때문에 식물이 자생지에서만큼 잘 자라기는 어렵습니다. 식물을 처음 데려왔을 때는 예뻤는데, 시간이 지날수록 웃자라는 현상과 함께 형태가 변해 간다면 그 이유 중 하나가 바로 빛 부족입니다. 농장에서 자라는 식물들은 대부분 인위적으로 빛이 조절되는 비닐하우스나 온실에서 충분한 빛을 받지만 아파트나 실내 공간에서는 빛이 들어오는 시간도 짧고 빛의 강도도 약하죠.

식물 가게에서 자주 듣는 "반양지에서 키우세요."라는 조언은 창문 바로 앞에 식물을 배치하라는 뜻으로 받아들이는 것이 좋습니다. 내가 보기에 식물을 두기 예쁜 공간이라고 생각되는 TV 옆이나 침대 옆 협탁은 빛이 부족할 수도 있습니다. 이러한 장소에서 식물을 키우면 금방 시들거나 웃자라기 쉽습니다.

식물을 키우기로 결심했다면, 식물은 되도록 창가에 배치하고 해가 떠 있는 시간에는 커튼이나 블라인드를 걷어 주세요. 그리고 식물 종류에 따라서 빛을 좋아하는 식물을 창가에 더 가깝게 배치하는 것이 좋습니다. 나무 종류나 꽃을 보는 식물은 보통 빛 요구도가 크기 때문에 창문 바로 앞에 배치하고, 열대 관엽식물은 비교적 적은 양의 빛에서도 잘 자라므로 창문 근처 선반에 배치하는 식입니다.

## 양지/반양지/반음지/음지 구별하기

**(1) 양지**

옥상, 테라스, 창문 바깥 걸이대처럼 하루 6시간 이상 강한 직사광선이 들어오는 공간입니다. 선인장, 다육식물, 허브류, 호주 식물을 키우기 적합합니다.

**(2) 반양지**

창문 앞처럼 겨울에도 3시간 정도 햇빛이 드는 공간입니다. 몬스테라, 필로덴드론 등 대부분의 관엽식물을 키우기 적합합니다.

**(3) 반음지**

창문에서 2~3m 이상 떨어져 있고 직접적인 햇빛은 거의 없지만 밝은 간접광이 있는 공간입니다. 고사리 같은 양치식물이나 칼라데아를 키우기 적합합니다.

**(4) 음지**

가구 뒤, 벽 근처와 같이 자연광이 거의 닿지 않는 공간입니다. 아글레오네마, 산세베리아 같은 식물을 키울 수 있지만 최적의 장소는 아닙니다.

TIP!

**우리 집의 광량 확인하기**

우리 집에 빛이 어느 정도 들어오는지 알기 어렵다면 빛 측정 어플을 사용해 보세요. 식물 종류별로 적정 광량이 다르기 때문에, 공간의 조도(lux)를 측정해 어떤 식물이 잘 자랄 수 있는지 확인한 후 식물을 고르는 것이 좋습니다.

▲ 사용 어플: Lux

Greenus Story

**호주 식물로 깨달은 빛의 중요성**

저는 이중창이 있는 방에서 식물을 키우기 때문에 다소 적은 빛으로도 잘 자라는 열대 관엽식물 위주로 키우고 있어요. 식물을 처음 키우던 시절에는 그저 예뻐 보였던 아카시아나 유칼립투스를 집에 데려왔는데요. 데려온 지 얼마 안 돼서 금방 죽는 걸 보고 그제서야 식물에 대해 검색해 봤고, 아카시아와 유칼립투스가 호주 식물이라는 걸 알게 되었어요. 호주 식물은 강한 빛과 바람을 필요로 하기 때문에 베란다나 테라스에서 키워야 잘 자랄 수 있다는 걸 몰랐던 거죠.

## 식물등

식물등을 활용하면 햇빛이 잘 들지 않는 환경에서도 식물을 키울 수 있습니다. 다양한 종류의 식물등이 출시되면서, 햇빛이 전혀 들지 않는 공간에서 식물등만으로 식물을 키우는 분들도 많이 있어요. 예전에는 보랏빛의 식물등이 인테리어를 해치는 경우가 많았지만, 요즘에는 빛의 색감과 디자인도 세련되어졌고 성능이 뛰어난 제품들도 많아졌습니다. 저희 집은 남동향이어서 해가 잘 들지만, 늦봄부터 여름까지는 실내 깊숙한 곳까지 햇빛이 잘 들어오지 않아 식물등으로 빛을 보충해 주고 있어요.

관엽식물인지, 꽃을 피우는 식물인지에 따라 선호하는 빛의 파장이 달라지기 때문에 이에 맞는 식물등을 선택하면 식물을 더 건강하게 키울 수 있습니다. 관엽식물은 주로 청색 계열의 빛을 선호합니다. 청색 파장의 빛은 보통 400~500nm 범위에 해당하는데, 이 범위의 빛은 식물의 광합성 효율을 높이고 잎의 성장을 촉진합니다. 반면 꽃을 피우는 식물은 주로 적색 계열의 빛을 선호합니다. 적색 파장의 빛은 보통 600~700nm 범위에 해당하며, 이 범위의 빛은 개화와 꽃의 성숙을 촉진합니다. 요즘 출시되는 LED 식물등은 대부분 청색과 적색 파장을 모두 포함하고 있지만, 보편적으로 사용하는 제품이 아니라면 제품 설명에 나와 있는 파장을 확인하고 적합한 것으로 구매하는 것이 좋습니다.

### 식물등의 종류와 사용 방법

식물등은 공간과 식물의 배치에 맞게 사용하는 것이 좋습니다. 특정 식물에 집중적으로 빛을 주고 싶을 때는 집중형(스탠드형) 식물등을 사용합니다. 이때 식물등을 식물과 너무 가까이 두면 잎이 타버릴 수 있으므로 적절한 거리를 유지해야 합니다. 너무 무거운 전구를 사용하면 스탠드의 목이 꺾일 수 있으므로 가벼운 전구를 선택하는 것이 좋습니다.

여러 개의 식물에 한 번에 빛을 주고 싶다면 확산형 식물등을 사용합니다. 확산형 식물등은 날개형, 원판형, 구형 등 다양한 형태가 있어 자신의 식물 배치에 맞는 디자인을 선택하면 됩니다. 식물등을 천장에 매달아 사용할 경우, 식물 성장 속도에 맞춰 길이를 조절할 수 있는 고리를 달아 주면 좋습니다.

**1.**집중형(스탠드형) 식물등 **2.**날개형 확산형 식물등 **3.**고리를 달아 길이를 조절한 원판형 확산형 식물등

햇빛이 전혀 들지 않는 구석진 곳이나 선반 밑에도 식물등을 설치하면 공간 제약 없이 식물을 키울 수 있어 매우 유용합니다. 선반 밑이나 온실장에 부착할 수 있는 바형 식물등은 키가 작은 식물에 빛을 주기 적합하고, 선반 높낮이가 조절된다면 키가 큰 식물에도 빛을 줄 수 있습니다. 좁은 공간에는 세워 둘 수 있는 세로 바형 식물등을 활용하면 좋습니다.

▲ 식물 선반 밑에 부착한 바형 식물등

▲ 좁은 공간에 세워 둔 세로 바형 식물등

**TIP!**

**콘센트 타이머로 식물등 조절하기**

식물은 과도하게 빛을 받으면 스트레스를 받을 수 있기 때문에, 식물등을 적절한 위치에 배치하고 시간을 정해 켜 두어야 합니다. 콘센트 타이머를 이용해 해가 뜨고 지는 시간에 맞춰 식물등이 자동으로 켜지고 꺼지도록 설정해 두면 편리합니다.

▲ 콘센트 타이머

## 빛을 이용해 식물 예쁘게 키우기

식물의 잎은 빛을 따라 움직이는 성질인 굴광성을 가지고 있습니다. 이 굴광성을 잘 활용하면 식물의 모양을 더욱 아름답게 키울 수 있습니다. 둥근 토피어리 형태로 키우는 나무나 잎이 사방으로 풍성하게 자라나는 식물은 화분을 주기적으로 돌려 주면 잎이 한쪽으로 쏠리지 않고 고르게 자라, 전체적으로 균형 잡힌 형태를 유지할 수 있어요.

반면 몬스테라나 필로덴드론 같은 식물은 잎이 한 방향으로 자라는 것이 미관상 예쁘기 때문에 항상 창가 쪽을 향하도록 두는 것이 좋습니다. 평소에는 식물의 뒷면만 보게 되어 조금 아쉬울 수 있지만 예쁜 수형을 유지할 수 있는 비결이에요.

저는 식물이 많다 보니 창가 정면이 아닌 창가 양쪽 공간에도 식물을 키우고 있는데요. 주기적으로 좌우 선반에 있는 식물의 위치를 바꿔 주어 잎이 한쪽 방향으로 쏠리지 않도록 관리해 주고 있습니다. 식물등으로 관엽식물을 키우는 경우에는 가끔 잎이 식물등이 있는 위쪽을 향해 자라나는 경우가 있는데, 가능하면 식물등은 식물의 앞쪽에서 빛을 비춰 주는 것이 예쁜 수형 만들기에 좋습니다.

**1.**화분을 돌려 가며 키운 칼라데아 오르비폴리아 **2.**창가만 바라보게 두고 키운 몬스테라 알보 **3.**창가를 바라보게 배치한 식물들

# 통풍

실내 가드닝에서 놓치기 쉬운 것 중 하나가 바로 통풍입니다. 빛이나 물처럼 눈에 보이지 않기 때문에 간과하기 쉽지만, 식물의 생존과 직결되는 매우 중요한 요소입니다. 통풍은 초보 식집사들이 식물을 죽이는 가장 큰 원인인 과습을 방지합니다. 식물이 배수가 좋은 흙에 심어져 있더라도, 통풍으로 공기의 순환이 이루어지지 않으면 흙 속의 수분이 빠져나가지 못하고 뿌리 주변에 고여 뿌리가 썩거나 무를 수 있습니다. 또한 통풍은 공기가 정체된 환경에서 자주 발생하는 곰팡이, 흰가루병, 응애, 진딧물 등의 병충해를 억제하는 데도 도움이 됩니다.

## 통풍 방법

가장 기본적이고 쉬운 방법은 창문을 여는 것입니다. 창문을 열어 환기하면 자연스럽게 신선한 공기가 들어오고, 실내 공기의 순환이 이루어집니다. 단 건조한 계절에 오랜 시간 창문을 열어 두면 실내 습도가 떨어지고, 겨울철에는 식물이 냉해를 입기 쉬우니 주의해야 합니다. 건조한 날씨에는 환기 후 가습기를 틀어 습도를 보완해 주고, 겨울에는 가장 따뜻한 낮 시간에 식물이 없는 곳의 창문을 열어 간접적인 환기를 해 주는 것이 좋습니다.

늘 창문을 열어 둘 수 없는 실내에서는 실링팬, 서큘레이터, 선풍기 등을 활용해 공기가 균일하게 흐를 수 있도록 도와줍니다. 실링팬은 공기가 천장을 통해 간접적으로 퍼지게 하며, 자리 차지를 하지 않아서 가장 추천하는 방법이에요. 저는 식물방에 실링팬을 설치했고, 가장 약한 바람을 천장 방향으로 24시간 틀어 둡니다. 바람의 세기는 사용하는 제품이나 공간의 크기에 따라 조금씩 달라지지만, 식물의 잎이 살랑거릴 정도면 충분합니다. 물을 주는 날이나 장마철에는 식물방의 습도가 너무 높아지기 때문에 조금 더 센 바람으로 바꿔 주곤 합니다.

실링팬을 설치할 수 없다면 서큘레이터나 선풍기를 이용해도 좋습니다. 바람이 식물에 직접적으로 장시간 닿게 되면 잎이 마를 수 있으므로 서큘레이터는 천장을 향하게 하고, 선풍기는 식물과 거리를 두고 틀어 주는 것이 좋습니다.

습도가 높은 장마철이나 물을 준 직후에는 통풍에 특히 더 신경 써야 합니다. 장마철에는 문을 오래 열어 두면 오히려 너무 높은 습도로 과습이 올 수 있기 때문에 짧은 환기 후 서큘레이터로 환기하는 것이 좋습니다.

▲ 실링팬을 설치한 식물방

▲ 천장을 향하게 한 서큘레이터

## 통풍이 어려운 환경에서 과습 방지하기

### (1) 통기성 좋은 선반 사용하기

식물을 둔 선반의 뒤나 옆이 막혀 있다면 공기 순환이 되기 어려우므로 통기성 좋은 뚫린 선반을 사용하는 것이 좋습니다.

### (2) 배수가 잘되는 화분 사용하기

배수가 잘되고 통기성이 좋은 토분이나 슬릿 화분을 사용합니다. 통기성이 부족한 플라스틱 화분을 사용할 경우 인두나 송곳 등을 사용해 구멍을 추가해 주는 방법도 있습니다.

### (3) 화분 간 적당한 간격 두기

화분끼리 너무 가까이 두면 공기가 잘 순환하지 못하므로 화분과 화분 사이에 충분한 간격을 두어 배치합니다.

### (4) 가지치기하기

식물이 너무 빽빽하게 자라면 공기 순환이 어려워집니다. 정기적으로 가지치기를 해 통풍이 원활하게 되도록 만들어 주세요.

### (5) 화분과 화분 받침 사이 띄우기

화분 받침에 물이 고인 상태로 두지 않는 것이 중요합니다. 화분과 화분 받침 사이에 공간을 만들어 주는 과습 방지 화분 받침을 사용하거나, 다이소에서 쉽게 구할 수 있는 유리 미끄럼 방지 패드를 화분 밑에 붙여 공간을 만들어 줄 수도 있습니다.

▲ 화분과 화분 받침 사이를 띄운 모습

# 온도와 습도

## 온습도 관리의 중요성

온도는 식물의 생장 속도, 광합성, 수분 흡수에 직접적인 영향을 미칩니다. 온도가 너무 낮거나 너무 높으면 식물의 대사 활동이 효율적으로 이루어지지 못해 영양분 흡수가 어려워집니다. 저온에서는 식물의 세포가 손상되거나 냉해를 입을 수 있고, 고온에서는 수분 증발이 과도하게 일어나 건조증이 발생할 수 있습니다.

습도는 식물의 증산작용에 영향을 미칩니다. 습도가 너무 낮으면 잎끝이 마르고 갈라지는 증상이 나타나며, 너무 높으면 과습으로 뿌리 부패나 곰팡이 같은 문제를 일으킬 수 있습니다.

식물 종류에 따라 필요로 하는 온습도가 다르기 때문에 내가 키우고 있는 식물에 적합한 온습도를 알아 두어야 합니다. 열대 관엽식물은 고온 다습한 환경(온도: 22~28°C, 습도: 60~80%)에서 잘 자라는 반면, 다육식물은 다소 낮은 온습도(온도: 18~24°C, 습도: 30~50%)에서 잘 자랍니다.

여러 종의 식물을 키운다면 집 안에서 구역을 나누어 온습도 차이를 두는 것이 좋습니다. 저는 관엽식물은 습도가 높은 식물방에서 키우고, 다육식물이나 아프리카 식물은 비교적 습도가 낮은 거실에서 키우고 있어요. 하지만 집 안에서 공간을 나누기가 어렵다면, 뒤에서 소개할 온실을 활용해 온습도를 조절하는 것도 좋은 방법입니다.

**Greenus Story**

**식물방 습도 조절하기**

최근에 저는 많은 식물을 키우다 보니 식물들의 증산작용 덕분에 식물방의 습도가 자연스럽게 50~60% 정도로 유지되고 있어 가습기를 따로 사용하지 않습니다. 하지만 처음 식물을 키울 때는 습도를 맞추기 위해 가습기를 사용해야 했는데, 식물을 크게 키우고 싶은 욕심에 습도를 너무 높게 유지한 적이 있어요. 온실이나 화원처럼 고온 다습한 환경에서 식물이 잘 자라기는 하지만, 통풍이 잘되지 않는 일반적인 실내에서는 50~70% 정도의 습도가 가장 이상적입니다. 가습기를 하루 종일 켜 두어 습도 80%를 넘겼을 시기에 결국 식물방 벽지와 흙에 곰팡이가 생겼고, 그 이후로는 습도를 적정 수준으로 유지하려고 노력하고 있어요.

## 온도 조절 방법

### (1) 냉난방 장치 사용하기

에어컨, 히터 등 냉난방 장치를 사용해 온도를 일정하게 유지합니다. 식물에 에어컨이나 히터의 바람이 직접 닿지 않는 것이 좋습니다. 가습기를 같이 사용해 습도가 너무 떨어지지 않도록 보완해 줍니다.

### (2) 계절별 관리하기

월동하는 식물이 아니라면 겨울철에는 따뜻한 곳으로 옮겨 냉해를 입지 않도록 합니다. 베란다에서 키우고 있었다면 거실로 옮기고, 냉기가 직접적으로 닿지 않도록 창가나 외벽에서 조금 떨어진 곳에 배치합니다.

여름철에는 식물의 상태를 자주 살피면서 물 주는 주기를 조절하는 것이 중요합니다. 다육식물이나 호주 식물처럼 강한 햇빛을 좋아하는 식물이 있는 반면, 열대 관엽식물은 강한 직사광선에 직접 노출되면 잎이 타거나 마를 수 있습니다. 옥상이나 테라스의 직사광선이 아니더라도, 창가 근처에서는 낮 시간의 온도 상승으로 식물의 증산작용이 과도하게 이루어지면서 수분 부족 현상이 생길 수 있으니 주의합니다.

## 습도 조절 방법

**(1) 가습기 사용하기**

가습기를 사용해 실내 습도를 높이는 방법이 가장 간단하고 효과적입니다. 가습기는 식물과 적당한 거리를 유지하고, 사용 후에는 실내가 과도하게 습해지지 않도록 환기에 신경 씁니다.

**(2) 온실 사용하기**

실내 공간 전체의 습도를 조절하기 어렵다면 온실로 공간을 제한해 습도를 높일 수 있습니다. 온실에 작은 서큘레이터를 설치하거나 주기적으로 온실 문을 열어 환기합니다.

▲ 비닐 온실

**(3) 모아 키우기**

식물은 증산작용을 통해 수분을 증발시키기 때문에, 식물이 밀집해 있을수록 그 주변의 습도가 자연스럽게 높아집니다. 특히 높은 습도를 좋아하는 열대 식물끼리 모아 두고 키우는 것이 좋습니다.

**(4) 잎 분무하기**

잎에 직접 분무해서 습도를 높일 수 있습니다. 관엽식물의 새잎이 나올 때 분무해 주면 잎이 찢어지지 않고 깨끗하게 펼쳐집니다.

**(5) 하이드로볼 사용하기**

화분 받침에 하이드로볼을 깔고 물을 부어 주면 하이드로볼이 흡수한 수분을 천천히 배출하면서 습도를 높입니다.

▲ 하이드로볼로 습도를 높이는 모습

chapter 3

# 식물 기본 관리법

식물을 처음 키우기 시작했을 때는 '물만 잘 주면 되겠지.'라고 생각했습니다. 그런데 키우다 보니 물 주기 말고도 해야 하는 관리들이 또 있다는 걸 알게 되었어요. 분갈이는 언제 해야 하는지, 가지를 얼마나 잘라 줘야 하는지, 아프거나 벌레가 생긴 식물은 어떻게 돌봐야 하는지…. 막상 하려니 모두 어렵고 낯설기만 했습니다. 특히 첫 분갈이를 할 때 흙을 털다가 뿌리가 끊어져서 식물한테 미안했던 기억이 아직도 생생합니다.

하지만 몇 번 해 보니 그게 생각보다 큰일은 아니었습니다. 뿌리가 조금 다쳐도 식물은 잘 적응했고, 서툰 손으로 옮겨 준 화분에서도 다시 싱싱하게 자라 주었어요. 그렇게 차츰차츰 '식물 키우기'에 익숙해져 갔습니다. 그리고 식물 관리의 기본은 식물의 변화를 잘 관찰하고, 그에 맞게 하나씩 반응해 주는 일이라는 걸 알게 되었어요.

# 물 주기

식물이 건강하게 자랄 수 있는 환경을 조성했다면, 가장 중요한 다음 단계는 바로 물 주기입니다. 식물에 물을 주는 순간은 실내 가드닝의 힐링 되는 시간 중 하나이지만, 의외로 초보 가드너들에게 가장 어려운 부분이기도 합니다. 물을 너무 자주 주면 뿌리가 숨을 쉬지 못하고 썩어 버릴 위험이 있고, 반대로 물을 충분히 주지 않으면 식물이 시들고 말라 버릴 수 있죠. 그래서 많은 사람들이 '물을 얼마나 자주 줘야 할까?'라는 고민을 하게 됩니다.

물 주기의 답은 하나로 정해져 있지 않아요. 식물의 종류와 크기, 계절, 실내 환경에 따라 그 방법이 달라질 수 있기 때문입니다. 단, 대부분의 식물은 생각보다 건조함을 잘 견디는 편이에요. 고사리나 유칼립투스처럼 물을 좋아하는 식물을 제외하면 물을 자주 주기보다는 적절한 간격을 두고 주는 것이 더 건강하게 키우는 비결입니다. 특히 잎이 두껍거나 뿌리가 굵은 식물들은 자체적으로 수분을 저장하는 능력이 있어 건조에 강한 편입니다.

## 물 주기 방법

### 물 주는 타이밍 확인하기

식물에 물을 주는 타이밍은 흙 상태를 보고 결정하는 것이 가장 정확합니다. 흙 표면만 보고 물이 마른 줄 알고 바로 물을 주는 경우가 많은데, 손가락으로 흙을 살짝 파서 안쪽까지 확인하는 것이 좋습니다. 만져 봤을 때 흙이 건조하면 물을 줄 타이밍이에요. 손으로 확인하는 것이 어렵다면 수분 측정기로 확인하거나 나무젓가락을 흙에 찔러 확인하는 방법도 있어요.

물 주기에 익숙해지면 화분 무게로도 판단할 수 있습니다. 물을 준 직후의 화분과 마른 화분의 무게를 비교해 보면, 물이 마를수록 화분이 가벼워져요. 화분이 가볍게 느껴질 때 물을 주면 적절한 타이밍이 됩니다.

식물에 따라 잎의 상태를 보고 알 수도 있습니다. 잎이 말리거나 축 처졌을 때 바로 물을 주면 되는 식물(칼라데아, 스파티필룸, 사랑초 등)도 있고, 잎이 처졌을 때는 이미 늦은 식물(아디안툼, 유칼립투스 등)도 있으니 각 식물의 특성을 잘 파악해야 합니다.

▲ 왼쪽: 물 주기 전/ 오른쪽: 물 준 후 (사랑초 마르티아나)

**TIP!**

**흙의 습도를 확인하기 좋은 도구**

• 나무젓가락

▲ 왼쪽: 흙이 젖어 있을 때/ 오른쪽: 흙이 말라 있을 때

나무젓가락이나 꼬치를 흙 속 깊이 찔러 넣어 습기를 확인할 수 있습니다. 나무젓가락을 빼 보았을 때 흙이 묻어 나오면 아직 습기가 남아 있는 상태입니다. 깨끗하게 나오면 흙이 말랐다는 뜻이므로 물을 주면 됩니다.

• 투명 슬릿 화분

▲ 왼쪽: 흙이 젖어 있을 때/ 오른쪽: 흙이 말라 있을 때

투명한 슬릿 화분을 사용하면 흙 속 깊은 곳까지 눈으로 확인할 수 있어 물 마름 상태를 쉽게 파악할 수 있어요. 단, 햇빛을 많이 받으면 화분 안쪽에 이끼가 생겨 불투명해질 수 있기 때문에 주기적인 세척이 필요합니다.

• 수분 측정기(서스티)

▲ 왼쪽: 흙이 젖어 있을 때/ 오른쪽: 흙이 말라 있을 때

'서스티'는 흙의 수분 상태를 색깔로 알려주는 수분 측정기입니다. 물을 준 직후에는 확인창이 파란색이고, 흙이 건조해지면 흰색으로 변하므로 이때 물을 주면 돼요. 직접 흙을 만지지 않고도 물 주기 타이밍을 쉽게 확인할 수 있어 초보 가드너에게는 물론이고, 물을 예민하게 조절해야 하는 식물이나 새로 들여온 식물을 관리할 때도 유용한 도구입니다.

## 물 주기 방법

물을 줄 때는 화분 배수구로 물이 흘러나오도록 충분히 주어야 합니다. 가능하다면 화장실이나 베란다에서 샤워기로 주는 것이 좋지만, 있는 자리에서 준다면 가늘고 긴 물조리개를 사용해 드립 커피를 내리듯 천천히 물을 줍니다. 화분 받침으로 물이 흘러나오는 것을 확인하며 2~3번에 나눠서 충분히 주면 좋습니다. 강한 물줄기로 물을 주면 흙 속에 물길이 생겨 흙이 고르게 젖지 않을 수 있습니다. 흙에 물길이 생긴 경우 소량의 물만 줘도 화분 밖으로 물이 바로 나오게 되는데, 이럴 때는 분갈이를 해 새 흙으로 갈아 주는 것이 좋습니다.

흙이 너무 말라 있어 골고루 젖지 않는 경우라면 흙의 아래쪽부터 물을 흡수시키는 저면관수도 좋은 방법입니다. 깊이가 있는 화분 받침이나 큰 용기에 물을 채우고 화분을 올려 물을 천천히 흡수시키면 흙이 골고루 젖게 됩니다. 충분히 흡수한 후 화분 받침에 남은 물은 비워 줍니다.

▲ 고사리 저면관수

저면관수는 특히 고사리처럼 물을 좋아하는 식물에 효과적입니다. 저는 초보 시절 아디안툼 고사리를 키우면서 물 주기를 한 번만 놓쳐도 잎이 바삭하게 말라 버리는 경험을 했어요. 몇 번의 이별을 경험한 후, 저면관수를 했더니 잎이 마르지 않고 건강하게 유지되고 있습니다.

## 물 주기 시간대

물은 아침 시간대에 주는 것이 가장 좋습니다. 낮 동안 온도 상승과 햇빛의 영향으로 물이 흙에서 자연스럽게 증발하며, 식물이 광합성에 필요한 수분을 효과적으로 흡수할 수 있기 때문입니다. 아침에 시간을 내기 어렵다면 저녁에 물을 줄 수도 있지만, 저녁 물 주기 후에는 통풍을 신경 써 주어야 합니다. 물을 준 후 서큘레이터나 선풍기 등으로 공기가 잘 흐르게 하면 과습을 예방할 수 있어요.

단, 겨울에는 식물이 냉해를 입지 않도록 가장 따뜻한 낮 시간에 미지근한 물을 주는 것이 좋습니다. 여름에는 반대로 이른 아침이나 저녁에 물을 주고, 낮 시간은 피하는 것이 좋습니다. 더운 여름 낮 시간에 물을 주면 뜨거워진 화분 온도로 인해 뿌리 조직에 손상이 갈 수 있고, 잎에 튄 물방울이 볼록 렌즈처럼 빛과 열을 집중시켜 잎이 화상을 입을 수 있습니다.

## 흔히 하는 물 주기 실수

### (1) 과도하게 자주 주기

초보 가드너들이 식물을 죽이는 가장 흔한 원인은 물을 너무 자주 주는 것입니다. 흙이 아직 젖어 있는데도 물을 주면 뿌리가 계속 습한 상태로 남아 뿌리가 썩거나 곰팡이, 해충이 생길 위험이 커집니다. 또한 과습 상태에서는 뿌리가 제대로 기능하지 못해, 식물이 오히려 물을 흡수하지 못하게 됩니다. 그 결과 잎이 노랗게 변하거나 갈변하기도 합니다.

▲ 과습으로 무르고 썩은 뿌리

### (2) 부족하게 주기

화분 위쪽의 흙만 젖도록 물을 조금 주면 뿌리가 있는 깊은 부분의 흙은 계속 건조한 상태로 남아 있으므로 뿌리가 제대로 물을 흡수하지 못해 잎이 시들거나 끝이 마르는 현상이 발생합니다. 뿌리는 물을 찾아 아래로 뻗는 성질이 있지만, 물이 위쪽에만 머물면 뿌리가 얕은 흙에서만 자라 식물이 약해질 수 있습니다. 또한, 수돗물이나 비료에 포함된 염류가 배출되지 않고 흙 속에 축적되면 삼투압 원리로 인해 뿌리가 물을 흡수하기 어려워집니다.

### (3) 모든 식물에 동일한 주기로 물 주기

식물마다 물을 필요로 하는 주기가 다르므로 일괄적으로 주어서는 안 됩니다. 만약 모든 식물에 주 1회로 같은 날 물을 주면 물을 많이 필요로 하는 식물은 건조로 스트레스를 받고, 반대로 물을 싫어하는 식물은 과습으로 고통 받게 됩니다. 식물의 특성을 파악하고 각각의 요구에 맞게 물을 주어야 합니다.

### (4) 화분 받침에 고인 물 방치하기

물을 준 뒤 화분 받침에 고인 물을 제거하지 않으면 배수된 물이 다시 흙으로 흡수되어 과습을 유발합니다. 저면관수를 한 경우에도 15~30분 후에는 화분 받침에 남아 있는 물을 반드시 제거해야 뿌리 썩음을 방지할 수 있습니다.

**Greenus Story**

**과습으로 떠나 보낸 몬스테라**

저도 초보 시절 몬스테라를 키우면서 물 주기 실수를 반복했어요. 새로 들인 몬스테라가 조금만 축 처져 보여도 물이 부족한 줄 알고 바로 물을 주었습니다. 그런데 얼마 지나지 않아 잎이 노랗게 변하고 흙에서는 이상한 냄새가 나기 시작했어요. 알고 보니 과습으로 뿌리가 썩어 버린 것이었습니다. 뿌리가 상하면 수분을 제대로 흡수하지 못해 잎이 처지는데, 저는 그걸 건조한 거라고 착각하고 더 많은 물을 주었죠. 그러다 보니 상태가 더 나빠졌고, 물꽂이로 살려 보려 했으나 결국 실패해 초록별로 보내고 말았습니다. 이 경험을 통해 물 주기는 단순히 '많이'가 아니라 '적절하게' 주는 것이 핵심이라는 걸 깨달았어요.

▲ 과습이 온 몬스테라

# 분갈이

분갈이는 식물이 건강하게 자랄 수 있도록 돕는 단계이자 흙과 뿌리를 만지며 식물과 교감하는 즐거운 시간이기도 합니다. 화원에서 사 온 식물을 그대로 키워도 일정 기간은 잘 자라지만, 가능하면 바로 분갈이를 해 주는 것이 좋습니다. 관리가 잘된 것처럼 보여도 해충의 알이 숨어 있을 수도 있고, 뿌리가 더 이상 자랄 수 없는 좁은 공간이거나 반대로 뿌리가 거의 없는 경우도 있습니다.

필로덴드론과의 식물이 인기가 많아 구하기 어려웠던 시절, 온라인 식물 가게에서 구매한 필로덴드론 실버클라우드를 분갈이하려고 화분을 엎어 본 적이 있습니다. 뿌리는 겨우 한 가닥뿐이었고, 화분은 상토로만 채워져 있었어요. 환경 좋은 화원에서는 새로 뿌리를 내리고 잘 자랄 수도 있었겠지만, 저희 집에서는 과습으로 죽을 위험이 컸습니다.

이처럼 새로운 식물을 데려왔다면 화분 속 상태를 반드시 확인하고 우리 집의 환경에 맞게 재정비해 주세요. 처음 식물을 들일 때뿐만 아니라 시간이 지나 뿌리가 화분을 꽉 채운 경우나 과습 등으로 문제가 생겼을 때도 적절한 시점에 분갈이를 해 주어야 합니다.

## 분갈이가 필요한 식물 상태

### (1) 성장 정체기

식물이 한동안 새잎을 내지 않고 키가 자라지 않는다면 뿌리가 화분 내부를 꽉 채운 상태일 수 있습니다. 뿌리가 더 이상 자랄 공간이 없으면 식물도 성장을 멈추게 됩니다. 한동안 식물 생존에는 문제가 없을지 몰라도, 식물이 더 크고 건강하게 자라는 데 방해가 됩니다.

이 경우 기존 화분보다 약간 큰 사이즈의 화분과 식물에 적합한 흙을 준비해 분갈이를 해 주세요. 뿌리를 살짝 풀어 주면 새로운 흙에서 뿌리가 잘 뻗어 나가게 됩니다.

### (2) 뿌리 탈출

물을 주고 나서 화분 받침에 고인 물을 제거해 주다가 화분에서 튀어나온 뿌리를 발견했다면 분갈이해 줄 시기인지 확인해 봐야 합니다. 뿌리 탈출은 뿌리가 화분 내부 공간을 다 차지하고 더 이상 자랄 곳이 없어 밖으로 뻗어 나가려는 신호입니다. 간혹 뿌리 일부만 배수구를 통해 물을 흡수하며 자란 경우, 화분 내부에는 아직 공간이 충분하기도 합니다.

이 경우 먼저 화분을 엎어 뿌리 상태를 확인하세요. 공간이 충분하다면 배수구 밖으로 나온 뿌리를 조심스럽게 정리해 기존 화분에 다시 심어도 괜찮습니다. 하지만 내부 공간이 부족하다면 기존 화분보다 약간 큰 사이즈의 화분으로 분갈이를 해 주세요.

▲ 뿌리 탈출

### (3) 과습 상태 지속

흙이 잘 마르지 않고 항상 축축한 상태라면 배수가 불량하거나 화분 내부에 통기성이 부족해서일 수 있습니다. 과습은 뿌리 썩음을 유발해 식물 건강을 해칠 수 있어요.

이 경우 화분에서 식물을 꺼내 뿌리를 확인하고, 무르거나 썩은 뿌리는 소독된 가위로 제거합니다. 배수가 잘되는 흙(펄라이트, 난석 등 혼합)에 새로 심어 주세요.

### (4) 해충(뿌리파리, 총채벌레 등) 발견

화분 주변에 작은 벌레가 날아다니거나 식물의 잎과 줄기에 해충이 보인다면, 흙 속에도 해충이 있을 가능성이 있습니다. 예를 들어, 총채벌레는 흙 속에 번데기 형태로 있기 때문에 식물 잎에 보이는 성충을 제거한다고 해도 흙 속에서 계속 기어 나와 방제가 어렵습니다.

이 경우 뿌리에 붙어 있는 흙을 최대한 제거하고 흙을 완전히 새 흙으로 교체합니다. 방제를 위해 살충제를 사용할 수도 있지만, 흙갈이와 병행하는 것이 가장 효과적입니다.

### (5) 흙의 유실 또는 배수 불량

오랜 시간 물을 주다 보면 흙이 유실되거나, 물줄기의 압력으로 인해 흙이 압축되어 화분 내부에 공간이 부족해질 수 있습니다. 이런 상태에서는 배수가 나빠지고, 뿌리가 건강하게 자라기 어려워집니다.

흙이 압축되었다면 통기성 좋은 흙으로 분갈이하고, 유실되었다면 새로운 흙으로 보충합니다. 흙의 유실이 심하다면 화분 배수구를 확인해 보고 적절한 깔망을 깔아 흙이 빠져나가는 것을 방지해 주세요.

## 분갈이 방법

### 분갈이 시기

일반적으로 분갈이는 뿌리의 성장이 활발한 봄과 가을에 하는 것이 가장 좋습니다. 봄가을의 온화한 기온은 뿌리가 스트레스 없이 새로운 잔뿌리를 잘 뻗고 흙에 정착하도록 돕습니다. 하지만 실내 가드닝에서는 여름이나 겨울에도 실내 온도가 크게 덥거나 춥지 않다면 분갈이를 해도 괜찮습니다. 특히 식물에 문제가 있는 경우라면 계절과 상관없이 분갈이를 하는 것이 더 낫습니다.

또한, 분갈이는 흙이 말라 있을 때 해야 합니다. 흙이 마른 상태에서 분갈이를 하고 물을 주면 새 흙과 뿌리가 더 잘 밀착되어 안정적으로 자리 잡을 수 있습니다. 흙이 젖어 있을 때 분갈이를 하면 뿌리가 끊어지거나 상처 나기 쉽습니다.

## 분갈이 방법

준비물: 분갈이대, 소독한 가위, 새 화분(기존 화분보다 지름 2~3cm 큰 것), 깔망, 모종삽, 식물에 맞게 배합한 흙

TIP 꼭 기존 화분보다 큰 화분으로 분갈이해야 하는 것은 아닙니다. 공간이 제한적인 실내 가드닝에서는, 화분의 크기는 적절히 유지하면서 뿌리를 정리하고 흙을 갈아 주면 식물이 너무 크게 자라지 않게 조절할 수 있습니다.

① **식물 분리하기:** 분갈이대 위에서 기존 화분의 식물을 조심스럽게 꺼냅니다. 연질분이나 플라스틱 화분은 화분을 주무르고 배수 구멍의 흙을 손으로 눌러 주면 뿌리가 쉽게 분리됩니다.

② **뿌리 손질 및 흙 털기:** 소독한 가위로 썩거나 상한 뿌리를 제거합니다. 건강한 뿌리는 흰색이나 옅은 노란색을 띠고, 썩은 뿌리는 갈색이나 검은색이며 물렁물렁합니다. 뿌리가 너무 길다면 끝 부분을 약간 다듬어 줘도 괜찮습니다. 과하게 서클링 되어 있거나 엉킨 뿌리는 손이나 지지대 등을 사용해 살살 풀어 줍니다. 오래되거나 굳어 있는 흙은 제거합니다.

TIP 뿌리 손질이나 흙 털기 과정 없이 화분에서 빼낸 식물을 그대로 더 큰 화분으로 옮겨 심는 '연탄갈이'라는 분갈이 방법도 있습니다. 뿌리가 건강한 상태이고 식물을 더 크게 키우고 싶은 경우나 뿌리를 건드리면 몸살을 하기 쉬운 예민한 식물(고사리류 등)을 분갈이하는 경우 연탄갈이를 합니다.

③ **새 흙 채우기:** 먼저 새 화분의 배수구에 흙의 유실을 막기 위한 깔망을 깔아 줍니다. 이때 깔망을 조금 크게 잘라 깔면 다음 분갈이 때 배수 구멍을 눌러 화분에서 분리하기 수월합니다. 식물에 맞게 배합된 흙을 화분의 1/5 정도 채워 줍니다.

TIP 보통 화분의 가장 바닥에는 입자가 큰 돌이나 흙으로 배수층을 깔아 주어야 한다고 알려져 있지만, 아주 큰 사이즈의 화분이 아니라면 굳이 배수층을 깔지 않는 것이 더 좋습니다. 화분 안에서 물이 원활히 흐르기 위해서는 흙의 입자 크기가 일정해야 하므로, 입자가 큰 배수층을 따로 만드는 대신 화분 전체를 배수가 잘되는 흙으로 채우면 물이 자연스럽게 화분 바닥으로 흘러 배수구를 통해 빠져나가게 됩니다. 이렇게 하면 물이 고이지 않고 흙 전체에 고르게 퍼지며 배수와 수분 공급 모두 원활해집니다.

④ **식물 넣기 및 흙 덮기:** 분리해 둔 식물을 새 화분에 넣고 나머지 공간을 흙으로 덮습니다. 이때 화분 가득 흙을 덮지 말고 공간을 조금 남겨 두세요. 화분 위쪽에 약간의 공간이 있어야 물을 줄

때 물과 흙이 튀거나 흐르는 것을 방지할 수 있습니다. 장식돌, 마사, 모래 등의 마감재는 사용하지 않는 것이 좋습니다.

TIP 마감재를 사용하면 물을 줄 때 물과 흙이 튀지 않고 미관상 예쁘다는 장점이 있지만 식물에게는 단점이 더 많습니다. 마감재에 가려져 흙 상태를 쉽게 확인할 수 없고, 흙이 공기와 닿지 않아 과습이 올 확률이 높기 때문입니다. 예쁜 마감재를 꼭 쓰고 싶다면 물 주기에 자신감이 생겼을 때 사용해 보세요.

⑤ **고정 및 마무리하기:** 화분 바깥을 툭툭 쳐서 빈 공간이 없도록 하고, 위쪽 흙을 살짝 눌러 식물을 고정합니다. 배수구로 충분히 흐를 정도로 물을 주어 흙과 뿌리가 밀착되도록 합니다. 물을 준 후에는 직사광선을 피해 반음지에서 적응 시간을 줍니다. 비료를 주고 싶다면 분갈이 후 2~3주가 지나 뿌리가 안정된 후에 줍니다.

▲ 깔망 깔기

▲ 흙 채우기

▲ 흙 덮기

▲ 물 주기

# 가지치기 및 수형 관리

가드닝을 하며 제가 가장 즐기는 작업 중 하나가 바로 가지를 다듬고 식물의 수형을 잡는 것입니다. 같은 식물이라도 어떻게 다듬고 수형을 만드느냐에 따라 완전히 다른 매력을 선사할 수 있기 때문이지요. 반면 초보 가드너에게는 가위를 드는 일이 쉽지 않습니다. 식물이 너무 커져서 어떻게 해야 할지 모르겠다며 연락해 오는 친구들에게 저는 늘 같은 말을 합니다. "잘라!"

가지치기는 식물의 모양을 잡아 줄 뿐 아니라 햇빛과 바람이 닿을 길을 열어 주고, 새순이 돋아날 공간을 만들어 주는 과정이기도 합니다. 때로는 오래된 잎을 떼어 내야 더 싱그러운 새잎이 납니다. 조심스러울 필요는 있지만 두려워할 필요는 없습니다. 한 번 가위를 들어 보면 식물이 더 건강하게 변해 가는 모습을 발견할 수 있을 테니까요.

## 가지치기의 기본

가위로 식물을 다듬을 때는 반드시 소독된 가위를 사용해야 합니다. 매번 알코올로 가위를 닦는 것이 귀찮게 느껴질 수 있지만, 이 과정은 매우 중요합니다. 가위에 묻어 있던 세균이나 곰팡이 포자가 식물의 상처로 침투하면 건강했던 가지나 줄기까지 병들어 버릴 수 있기 때문입니다.

새로운 가지를 유도하기 위한 가지치기는 식물이 활발히 성장하는 봄에 진행하는 것이 좋습니다. 이 시기에 가지를 다듬으면 식물은 상처를 빠르게 회복하고, 새로운 잎과 가지를 내면서 더 풍성한 모습을 만들어 냅니다. 반대로 성장 정체기인 겨울에는 가지치기를 최소화하고 말라 버린 잎이나 병든 가지처럼 식물의 에너지를 소모하는 부분만 가볍게 제거합니다.

가지치기의 가장 기본 방법은 말라 버린 잎이나 손상된 가지를 잘라 내는 것입니다. 건강한 잎과 가지로 식물의 에너지가 집중될 수 있도록 주기적으로 정리해 주는 것이 좋습니다. 지저분한 잎과 가지만 제거해도 훨씬 예뻐진 모습을 볼 수 있어요.

▲ 가지치기 한 브론즈 비너스

## 외목대 수형 만들기

목본식물은 줄기 하나를 중심으로 길게 키워 깔끔하고 세련된 외목대 수형을 만들 수 있습니다. 실내에서 외목대 수형으로 키우기 좋은 식물은 고무나무, 홍콩야자, 퍼플프린스, 초코리프 등이 있습니다. 퍼플프린스와 초코리프는 성장 속도가 빨라 짧은 시간에 토피어리 수형을 만들기 좋습니다.

외목대 수형을 만들기 위해서는 화원에서 식물을 데려올 때 생장점이 살아 있는 것을 데려오는 것이 중요합니다. 생장점이 잘린 식물은 메인 가지가 더 이상 위로 자라지 않으므로 원하는 높이까지 키우기 어렵기 때문입니다. 지지대를 세워 원하는 높이까지 키운 다음 생장점을 잘라 원하는 수형을 만들어 주면 됩니다.

식물에 따라 다르지만 생장점이 잘린 식물은 보통 2~3개의 곁가지를 만듭니다. 곁가지가 성장함에 따라 가지치기를 반복해 주면 점점 더 풍성하게 자라게 됩니다. 생장점 아래쪽으로 나온 잔가지는 잘라서 정리해 줍니다. 햇빛 방향으로 화분을 주기적으로 돌려 주면 한쪽으로 치우치지 않고 균형 있게 자랍니다.

▲ 곁가지를 낸 초코리프

▲ 지속적인 가지치기로 풍성한 수형을 만든 올리브나무

▲ 가지치기 후 분재 철사로 수형을 만든 알리고무나무

## 리스 만들기

덩굴식물은 늘어뜨려 키우기만 해도 그 자체로 멋스럽지만, 둥글게 리스를 만들어 깔끔한 수형을 잡아 주는 것도 좋습니다. 리스는 공간을 절약하면서도 인테리어 효과를 주어 실내 가드닝에서 인기 있는 수형 관리 방식입니다. 호야, 스킨답서스, 아이비 등 다양한 덩굴성 식물들이 리스 만들기에 적합합니다. 특히 호야는 줄기를 길게 키워야 꽃대가 생기고 꽃이 피기 쉬운데, 둥근 모양의 지지대에 줄기를 감아 키우면 깔끔하게 정리될 뿐만 아니라 꽃이 피었을 때도 더욱 보기 좋습니다.

▲ 호야 리스

잎이 무거운 식물이라면 튼튼한 원형 지지대를 구매해서 사용하는 것이 좋고, 작고 가벼운 식물은 분재 철사를 이용해 원하는 모양과 크기의 리스를 손쉽게 만들 수 있습니다.

## 리스 만들기 방법

준비물: 원형 지지대 또는 분재 철사, 벨크로 타이 또는 빵끈

① **지지대 준비하기:** 원형 지지대를 구입하거나 분재 철사로 원하는 크기의 지지대를 만듭니다. 분재 철사로 만들 경우 흙에 들어가는 부분은 화분 크기에 알맞게 자릅니다.

② **지지대 꽂기:** 지지대를 흙에 꽂습니다.

③ **줄기 감기:** 줄기를 지지대에 감은 뒤 벨크로 타이로 줄기와 철사를 고정해 줍니다. 이때 벨크로 타이는 넉넉한 길이로 사용하면 나중에 줄기가 더 자랐을 때 추가로 감기 좋습니다.

TIP 잘 휘어지는 줄기는 별도의 고정 없이 줄기만 감아 주어도 됩니다.

▲ 분재 철사로 지지대 만들기

TIP!

**벨크로 타이로 수형 잡기**

벨크로 타이는 실내 가드닝에서 수형을 깔끔하게 잡아 주는 유용한 도구입니다. 필로덴드론이나 몬스테라처럼 크고 무거운 잎을 가진 식물의 줄기를 벨크로 타이로 지지대와 묶어 고정하면 식물이 더 안정적으로 성장합니다. 넓게 퍼지는 줄기를 깔끔하게 모아 관리하고 싶을 때는 줄기끼리 묶어 줍니다.

▲ 벨크로 타이로 몬스테라 수형 정리하기

## 분재 철사로 가지 유도하기

분재 철사는 가지를 원하는 방향으로 유도하고 독특한 수형을 만들 때 매우 유용합니다. 철사의 굵기는 유도할 가지의 굵기에 맞게 선택하는데, 가는 가지는 1~2mm, 중간 가지는 2~3mm, 굵은 가지는 3mm 이상이 좋습니다.

철사는 유도할 가지가 메인 줄기와 가까운 부분에서부터 가지 끝 방향으로 감습니다. 이때 철사를 45도 각도로 일정하게, 적당한 힘으로 감아야 가지에 힘이 고르게 전달됩니다. 가지를 천천히 구부려 원하는 방향으로 조정하고 모양이 고정될 때까지 기다립니다. 철사를 너무 오래 두면 가지에 눌린 자국이 남으므로 정기적으로 확인하고, 가지가 충분히 고정되었으면 상처가 나지 않도록 주의하며 철사를 제거하면 됩니다.

▲ 분재 철사로 호접란 꽃대 유도하기

**TIP!**

**분재 철사 활용법**

분재 철사는 유연하면서도 형태를 잘 유지해 초보 가드너도 쉽게 다룰 수 있는 도구입니다. 원래 분재 가지를 원하는 방향으로 유도하거나 화분과 뿌리를 고정할 때 사용하는 전용 철사이지만 그 밖에도 다양한 가드닝 용도로 활용할 수 있습니다. 일자형, U자형 등 원하는 길이와 형태로 식물 지지대나 거치대를 만들 수 있고, 높은 곳에 화분을 걸고 싶을 때 행잉 화분 걸이를 직접 만들어 달 수도 있습니다.

▲ 용꼬리 선인장 지지대

▲ 틸란드시아 거치대

# 번식

가지치기를 하다 보면 한 번쯤 '이 예쁜 가지를 그냥 버리기엔 너무 아깝다.'라는 생각을 해 보았을 것입니다. 잘라 낸 가지를 조금만 신경 써서 관리하면 새로운 식물로 번식시킬 수 있습니다. 물꽂이한 가지에서 작은 뿌리가 나올 때의 설렘, 흙에 심은 후 새잎이 돋아나는 순간의 보람은 직접 경험해 보면 더욱 특별하게 다가옵니다.

식물 번식에 성공하면 식물을 나누고 판매하는 재미도 느껴 볼 수 있습니다. '식테크(식물 재테크)'가 유행하던 시기, 키우던 무늬토란을 분갈이하다가 화분 안에 가득한 자구를 발견한 적이 있었습니다. 자구들을 작은 화분에 심어 번식에 성공했고, 식물 친구들에게 나눠 주고도 남아 몇 개를 판매했더니 그 수익으로 또 다른 식물을 들일 수 있었습니다. 자연스럽게 '식물 순환 경제'를 경험한 순간이었습니다.

식물 번식은 실내에서는 사계절 내내 가능하지만, 그래도 온도가 적절한 봄가을에 하는 것이 좋습니다. 번식 방법에는 삽목, 뿌리 찢기, 공중취목, 파종 등 다양한 방법이 있습니다. 식물의 종류에 따라 적합한 번식 방법을 사용해야 합니다.

## 물꽂이(물 삽목)

물꽂이는 가장 쉬운 번식 방법 중 하나로, 식물의 줄기나 가지를 잘라 물에 꽂아 뿌리를 내리게 하는 방식입니다. 스킨답서스, 몬스테라, 필로덴드론, 호야처럼 줄기에 마디와 기근이 있는 식물은 물꽂이로 번식하기 용이합니다.

## 물꽂이 방법

준비물: 소독한 가위 또는 칼, 물꽂이 용기(유리병, 플라스틱 컵 등)

TIP 물꽂이 용기는 뿌리가 자란 후 식물을 쉽게 꺼낼 수 있도록 입구가 너무 좁지 않은 것을 준비합니다. 빛이 차단되는 어두운 병이 뿌리 형성이 잘되며, 투명한 병은 화분 커버 등으로 가리면 좋습니다.

① **마디 확인 및 줄기 자르기:** 소독한 가위로 줄기의 마디와 마디 사이를 자릅니다. 마디 간격이 짧은 식물은 식물의 싹이 나올 눈자리를 확인하고, 이 부분이 손상되지 않도록 주의합니다. 눈자리 확인이 어려운 경우 넉넉하게 2마디 이상 자르는 것이 좋습니다.

TIP 줄기가 두꺼운 식물은 가위보다는 커터칼을 사용하면 단면을 깔끔하게 자를 수 있습니다.

② **삽수 건조 및 정리하기:** 자른 삽수의 절단면이 마를 때까지 기다립니다. 일부 식물은 절단 시 수액이 나오는데, 독성이 있을 수 있으니 피부에 닿지 않도록 주의합니다. 뿌리가 없는 삽수는 수분 공급이 어렵기 때문에 잎을 두세 장만 남기고 제거하거나 크기가 큰 잎은 반으로 잘라 수분 손실을 방지하면 좋습니다.

③ **삽수 꽂기:** 건조된 삽수를 용기에 넣고 삽수의 마디가 잠길 만큼 물을 채웁니다. 식물에 따라 줄기가 물에 잠기지 않는 것이 좋은 경우도 있습니다.

TIP 과산화수소수를 물에 약 1:100 비율(3% 과산화수소수 기준)로 희석해 넣으면 물속 세균을 억제하고 뿌리 형성을 촉진할 수 있습니다. 발근제(메네델)를 물에 소량 넣으면 뿌리가 빠르게 내리기도 합니다.

④ **물꽂이 후 관리 및 옮겨심기:** 물꽂이를 한 삽수는 직사광선을 피해 간접광이 드는 밝은 곳에 둡니다. 3~4일마다 물을 갈아 주고, 뿌리가 최소 2~3cm 이상 자라면 흙에 옮겨 심습니다. 환경 변화로 인한 스트레스를 줄이기 위해 처음에는 흙을 충분히 촉촉하게 유지합니다.

▲ 눈자리 확인하기

▲ 줄기 자르기

▲ 삽수 꽂기

## 잎꽂이(잎 삽목)

잎꽂이는 모체에서 잘라 낸 잎을 흙이나 수태에 꽂아 잎의 조직에서 새로운 뿌리와 줄기를 형성하는 번식 방법입니다. 베고니아, 바이올렛, 다육식물 등이 적합합니다.

### 잎꽂이 방법

준비물: 소독한 가위 또는 칼, 밀폐 가능한 용기(리빙박스, 반찬통, 일회용 플라스틱 컵 등), 식물에 맞게 배합한 흙 또는 수태, 분무기 또는 물조리개

① **잎 자르기:** 병해충이 없고 튼튼한 잎을 선택합니다. 잎자루가 있는 경우 번식 성공률이 더 높습니다. 소독한 가위로 잎자루를 자릅니다.

TIP 잎 하나로 여러 개체를 만들 수 있는 베고니아는 잎을 여러 개로 자른 뒤 흙에 잎맥이 닿도록 꽂습니다.

② **흙(수태) 깔기:** 밀폐 가능한 용기에 잎이 뿌리 내릴 흙이나 수태를 깝니다. 이때 흙이나 수태는 실내 환경에 맞게 배합하고 분무기나 물조리개로 적셔 줍니다.

③ **삽수 꽂기:** 잘라낸 잎의 잎자루 부분이 흙이나 수태에 닿도록 꽂습니다.

④ **잎꽂이 후 관리 및 옮겨심기:** 용기를 밀폐한 뒤 너무 밝지 않은 곳에 두고, 뚜껑에 고인 물이 잎에 떨어지지 않도록 하루에 한 번은 뚜껑을 열어 환기해 주는 것이 좋습니다. 어느 정도 잎이 뿌리 내린 것이 확인되면 뿌리가 손상되지 않도록 수태를 잘 떼어내고 분리해 흙에 옮겨 심습니다.

TIP 다육식물은 자른 면을 그늘에서 말린 뒤 꽂고, 용기를 계속 열어 둡니다.

▲ 삽수 꽂기(베고니아)

▲ 옮겨심기(게발선인장)

## 흙 삽목 & 수태 삽목

모체에서 잘라 낸 줄기나 가지를 물꽂이 없이 흙이나 수태에 바로 삽목하는 번식 방법입니다. 물꽂이와 동일한 방식으로 삽수를 자른 뒤 흙이나 수태에 꽂으면 됩니다.

다육식물, 선인장 등 일부 식물은 물꽂이보다 흙 삽목이 더 효과적입니다. 흙 삽목을 할 때는 비료 성분이 없는 무비상토를 사용하는 것이 좋습니다. 녹소토, 난석, 질석 등 배수가 잘되는 흙을 사용해도 됩니다. 삽목 후에는 흙이 마르지 않도록 관리해야 하며, 저면관수를 하면 뿌리가 더욱 안정적으로 내립니다.

수태 삽목은 공중습도를 좋아하는 식물이나 뿌리가 약한 식물 번식에 효과적입니다. 촉촉한 수태에 삽수를 꽂은 뒤 습도를 유지해 주면 뿌리가 빠르게 자랍니다. 수태 삽목을 할 때는 수태를 가위로 잘게 자르면 나중에 뿌리와 분리하기 쉽습니다.

▲ 삽목 후 뿌리 내린 알리고무나무
(왼쪽: 흙 삽목/ 오른쪽: 수태 삽목)

## 뿌리 찢기(포기나누기)

뿌리 찢기는 기존의 뿌리를 나누어 각각 새로운 개체로 만드는 번식 방법입니다. 모체 옆에서 자촉을 만드는 식물인 칼라데아, 고사리, 스파티필룸 등이 적합합니다.

### 뿌리 찢기 방법

준비물: 분갈이대, 소독한 가위 또는 칼, 새 화분

① **흙 털기:** 분갈이대 위에서 화분의 식물을 꺼냅니다. 뿌리를 손상시키지 않도록 주의하며 뿌리가 잘 보일 정도로 흙을 부드럽게 털어 냅니다. 흙이 잘 털리지 않는 경우 물에 살짝 담가 흙을 부드럽게 씻어 내도 됩니다.

TIP 흙이 마른 상태이면 식물을 꺼내기가 더 쉽습니다.

② **뿌리 찢기:** 뿌리를 관찰하며 자연스럽게 나뉠 수 있는 부분을 찾은 다음 손으로 부드럽게 떼거나 소독한 가위로 절단합니다. 절단면에서 수액이 흐른다면 잘 닦고 말려 줍니다.

③ **나눈 식물 심기:** 나눈 식물을 새 화분에 각각 심습니다.

## 파종(종자 번식)

파종은 씨앗을 발아시켜 새 식물을 키우는 번식 방법입니다. 식물 번식 중 시간이 가장 오래 걸리지만, 서로 다른 품종끼리 수정시켜 안스리움 하이브리드와 같은 새로운 품종을 만들 때 유용합니다.

### 파종 방법

준비물: 발아율이 높은 씨앗, 파종용 흙(배수가 잘되고 가벼운 흙) 또는 수태, 파종용 트레이(계란판, 접시 등), 투명한 뚜껑 또는 비닐, 분무기

TIP 수확한 씨앗은 바로 심어야 발아율을 높일 수 있습니다.

① **씨앗 불리기:** 발아 촉진을 위해 씨앗을 물에 담가 하루 정도 불립니다.

TIP 이 과정은 씨앗의 종류에 따라 생략할 수 있습니다. 씨앗 껍질이 두꺼운 경우 불리는 것이 좋습니다.

② **씨앗 심기:** 씨앗을 파종용 흙이나 수태 위에 얹고, 씨앗 크기의 약 2배 정도 두께로 얇게 덮습니다. 작은 씨앗은 거의 덮지 않거나 아주 얇게 덮어 주세요.

TIP 수태는 통기성과 보수력이 뛰어나 발아에 적합하지만, 수태에 심으면 반드시 흙으로 옮겨야 해서 이식 스트레스가 생길 수 있기 때문에, 흙 위에 수태를 올리고 그 위에 파종해 뿌리가 흙으로 바로 적응할 수 있도록 하기도 합니다. 이 경우 수태에 뿌리가 얽혀 옮기기 어려울 수 있으므로 수태를 잘게 잘라 올리는 것이 좋습니다.

③ **파종 후 관리하기:** 흙이 마르지 않도록 분무기로 물을 뿌려 줍니다. 투명한 뚜껑이나 비닐로 덮어 습도를 유지해 주면 발아에 도움이 됩니다. 발아가 시작되면 서서히 공기를 통하게 해 습도를 조절해 주고, 발아 후에는 햇빛을 충분히 받게 하며 성장시킵니다.

▲ 수태에 파종 후 발아된 모습

**TIP!**

**파종 추천 식물**

• 인트리카타

인트리카타는 실내에서도 꽃을 잘 피워 씨앗을 수확하기 좋고, 발아율이 매우 높아 초보 가드너에게도 적합한 식물입니다. 열매가 성숙하면 자연스럽게 터져 씨앗을 퍼뜨리는 특성이 있으므로 열매가 익기 전 봉투를 씌워 주면 씨앗의 손실을 막고 수확도 간편하게 할 수 있습니다.

▲ 인트리카타 꽃과 씨앗

• 안스리움

안스리움은 수정을 통해 열매가 맺히고, 그 열매에서 씨앗을 수확합니다. 이때 다양한 다른 품종끼리 수정시켜 새로운 하이브리드 종을 만들어 낼 수 있습니다. 단, 씨앗을 통한 번식은 상대적으로 시간이 오래 걸리고 난이도가 있어 숙련자에게 추천합니다. 새로운 개체를 만드는 게 목적이 아니라면 뿌리 찢기로 번식을 하는 것이 좋습니다. 안스리움 씨앗은 신선할 때 파종해야 발아율이 높습니다. 열매가 익어 주황색이나 빨간색으로 변하면 바로 씨앗을 수확하세요.

▲ 안스리움 열매

## 휘묻이

휘묻이는 덩굴식물의 줄기를 자르지 않고 그대로 흙에 심는 번식 방법으로, 식물에 주는 스트레스가 적고 번식 성공률이 높은 편입니다. 호야처럼 줄기에 기근이 발달한 식물이라면 휘묻이를 하기에 적합합니다. 고사리, 딸기 등의 모체에서 길게 뻗어나오는 줄기인 '러너'를 심어 번식시키는 러너 번식도 휘묻이의 일종입니다.

### 휘묻이 방법

준비물: 새 화분, 식물에 맞게 배합된 흙, 고정 도구(분재 철사, 피자 고정핀, 작은 돌 등), 소독한 칼 또는 가위

① **줄기 묻기:** 모체에서 건강하고 길게 자란 줄기를 선택합니다. 새 화분에 적당량의 흙을 채운 다음 모체의 줄기를 올리고, 줄기 중 일부가 흙에 묻히도록 합니다. 줄기가 흙에 충분히 밀착되도록 흙을 덮어 줍니다. 줄기가 뜨지 않도록 고정 도구로 고정하고 흙에 물을 줍니다.

② **개체 분리하기:** 줄기가 묻힌 부분에서 뿌리가 내리기 시작하면 새로운 개체로 분리할 준비를 합니다. 뿌리가 충분히 발달한 것을 확인한 뒤, 모체와 연결된 줄기를 깨끗하게 잘라 독립시킵니다.

▲ 분리시킨 개체

## 공중 취목

공중 취목은 줄기를 자르지 않고 뿌리를 먼저 내리게 한 후 자르는 번식 방법입니다. 식물의 줄기에는 물관과 체관이라는 관이 있는데, 물관은 뿌리에서 물과 무기질을 위로 끌어올리고 체관은 잎에서 만들어진 양분을 아래로 내려보냅니다. 공중 취목은 이 체관의 흐름을 일부러 끊어 양분이 한곳에 머물도록 유도합니다. 체관이 끊긴 부분에는 양분이 축적되고, 식물은 해당 부위에 뿌리를 내리려는 반

응을 보입니다. 이 과정을 통해 줄기를 자르기 전 뿌리를 먼저 낼 수 있어 번식 성공률이 높아집니다. 고무나무, 크로톤과 같은 목본류 식물에 적합합니다.

## 공중 취목 방법

준비물: 소독한 칼, 수태, 비닐 랩, 고정용 끈, 식물에 맞게 배합된 흙, 새 화분

① **형성층 제거하기:** 소독한 칼로 건강한 줄기의 마디 부분에 1~2cm 길이로 겉껍질과 초록색 껍질(형성층)을 제거합니다. 껍질을 얇게 도려내면 그 아래의 체관이 끊기면서 뿌리가 나올 준비를 하게 됩니다.

TIP 껍질을 제거한 부위에 발근제를 바르면 효과가 더 좋습니다.

② **제거 부위 감싸기:** 수태를 물에 충분히 적신 후 껍질을 제거한 부위를 완전히 감쌉니다. 수분이 마르지 않도록 비닐 랩으로 수태를 감싸고 위아래를 끈으로 단단히 묶어 고정합니다. 가끔 확인하며 물을 뿌려 적셔 줍니다.

③ **뿌리 자르기 및 옮겨심기:** 몇 주 후 비닐 안에 뿌리가 충분히 자랐다면 뿌리 아랫부분을 잘라 새 화분에 옮겨 심습니다.

▲ 형성층 제거하기

▲ 제거 부위 감싸기

▲ 뿌리 확인하기

▲ 뿌리 아랫부분 자르기

▲ 옮겨심기

## 그 밖의 번식법

### • 자촉 번식

▲ 필레아페페 자촉

모체에 연결된 자촉으로 번식하는 방법입니다. 자촉이 어느 정도 자란 후 분리해 심으면 손쉽게 번식이 가능합니다.

### • 구근(자구) 번식

▲ 튤립 구근

튤립, 수선화, 사랑초 등의 식물은 구근으로 번식합니다. 꽃이 지고 난 후에도 계속 물을 주고 관리하면 땅속에서 새로운 구근이 여러 개 생기는데, 이 구근을 서늘한 곳에 잘 보관해 두었다가 심으면 다시 자랍니다.

### • 포자 번식

▲ 포자 가루 모으기

▲ 새순

고사리류에서 주로 쓰이는 번식 방법입니다. 잎 뒷면의 포자낭에서 포자를 모아 수태나 무비상토에 뿌린 후 촉촉하게 유지시켜 주면 됩니다. 번식 속도가 느리고 관리가 까다로워 초보자보다는 숙련자에게 추천합니다.

# 비료

식물이 건강하게 자라기 위해서는 햇빛, 물, 공기뿐만 아니라 다양한 영양소가 필요합니다. 실내 화분은 제한된 양의 흙에서만 영양소를 얻기 때문에 시간이 지나면서 영양소가 부족해질 수 있습니다. 비료는 이러한 부족한 영양소를 보충해 주는 역할을 합니다.

하지만 비료는 올바른 방법으로 사용해야 식물의 성장에 도움이 됩니다. 잘못된 방법으로 주거나 불필요한 시기에 주면 오히려 식물에게 스트레스를 주고 성장을 방해할 수 있습니다.

분갈이용 상토에는 기본적인 영양분이 포함되어 있어 일정 기간 동안은 비료를 주지 않아도 괜찮습니다. 식물이 새 화분에 적응하고 건강하게 뿌리를 내린 후 비료를 주는 것이 더 효과적입니다. 흔히 식물이 시들해 보일 때 비료를 주면 회복될 거라고 생각하지만 대부분의 경우 영양 부족보다는 과습, 빛 부족 등이 원인인 경우가 많으니 먼저 정확한 원인을 확인해야 합니다. 비료는 식물이 활발히 성장하는 봄과 여름에 주는 것이 가장 좋고, 성장 속도가 느려지는 겨울에는 비료를 주지 않거나 사용 빈도를 줄입니다.

## 비료의 주요 성분

비료는 주로 다음 세 가지 주요 성분으로 구성됩니다. 이를 'NPK' 비율이라고도 합니다.

**(1) 질소(Nitrogen)**

잎과 줄기의 생장에 필수적이며, 잎의 엽록소 형성을 도와 광합성을 촉진합니다. 식물이 건강하고 푸르게 자라는 데 도움이 됩니다. 잎이 무성하게 자라는 허브류, 관엽식물은 질소가 풍부한 비료를 사용하면 좋습니다.

질소가 부족할 경우 잎이 노랗게 변하거나 성장이 둔화됩니다. 과다할 경우 잎은 무성하게 자라지만 꽃이나 열매가 제대로 맺히지 않을 수 있습니다.

**(2) 인산(Phosphorus)**

뿌리 발달과 에너지 전달, 꽃과 열매 형성에 중요한 역할을 합니다. 세포 분열과 DNA 합성에도 관여합니다. 꽃을 피우거나 열매를 맺는 식물은 인산이 많은 비료를 사용하면 더 풍성한 꽃과 열매를 얻을 수 있습니다.

인산이 부족할 경우 뿌리가 약해지고 잎이 보라색이나 어두운색을 띠며, 꽃과 열매가 잘 맺히지 않습니다. 과다할 경우 다른 영양소의 흡수를 방해할 수 있습니다.

**(3) 칼륨(Potassium)**

식물의 전반적인 건강에 도움이 되고 병충해 저항성을 강화합니다. 물과 영양소를 조절하고, 광합성과 에너지 저장을 돕습니다. 채소, 과일류는 칼륨이 충분해야 수확량이 증가합니다.

칼륨이 부족할 경우 잎 가장자리가 갈색으로 마르고 광합성 효율이 떨어지며 병충해에 취약해집니다. 칼륨이 과다할 경우 칼슘, 마그네슘 같은 다른 양이온의 흡수를 방해할 수 있습니다.

그 외에도 비료에는 칼슘(Ca), 마그네슘(Mg), 황(S) 등의 미량원소가 포함되어 있어야 식물이 균형 있게 성장할 수 있습니다.

## 비료의 종류

비료의 종류는 크게 액체 비료와 고체 비료로 나뉩니다. 액체 비료는 희석 비율을 잘 맞춰야 하고 자주 주어야 하므로 실수할 가능성이 높습니다. 반면 고체 비료는 과다 사용의 위험이 적고, 한 번 주면 오랜 기간 효과가 유지됩니다. 초보자라면 식물 키우기에 익숙해질 때까지는 고체 비료를 활용해 보세요.

**액체 비료와 고체 비료의 비교**

| 구분 | 액체 비료 | 고체 비료 |
|---|---|---|
| 작용 속도 | 빠름 (즉각적 효과) | 느림 (서서히 용출) |
| 지속 기간 | 짧음 (1~2주) | 길 (3~6개월) |
| 사용 편의성 | 자주 주어야 함 | 한 번 주면 장기간 유지됨 |
| 흡수 방식 | 뿌리, 잎을 통해 흡수 가능 | 뿌리를 통해 서서히 흡수 |
| 과다 사용 시 위험성 | 희석 비율만 지키면 비교적 안전 | 염류 집적 가능성 있음 |

### 액체 비료

액체 비료는 흡수 속도가 빨라 식물의 생육에 즉각적인 효과를 줍니다. 빠른 생장과 영양 공급이 필요한 경우 유용하지만 고형 비료보다 지속력이 짧아 자주 시비해야 하는 번거로움이 있습니다. 액체 비료는 성장용과 개화용이 구분되어 있는 경우가 많으므로 식물의 생육 단계에 맞춰 적절한 제품을 선택합니다.

- **희석형**

가장 일반적인 액체 비료입니다. 한 병으로 오랫동안 사용할 수 있어 경제적입니다. 물을 줄 때 희석해서 주면 따로 비료를 주는 번거로움을 줄일 수 있습니다. 스포이드를 사용해서 정확한 양을 계량하고, 권장 희석 비율보다 약하게 희석해서 사용하기를 권합니다. 하이포넥스(Hyponex) 제품을 추천합니다.

• **발포형**

고체 형태의 영양제를 물에 녹여서 쓰는 비료입니다. 계량이 필요 없어 간편하고 성장용과 개화용이 구분되어 있어 식물의 생육 단계에 맞춰 선택할 수 있습니다.

• **앰플형**

흙에 꽂아 두는 방식의 비료입니다. 일정 시간 동안 비료가 서서히 방출됩니다. 사용이 편리하지만 영양분이 한쪽으로만 집중될 수 있어 한곳에만 지속적으로 사용하지 않아야 합니다. 물을 줄 때 희석해서 사용해도 좋습니다.

• **스프레이형**

엽면시비를 할 때 사용하는 뿌리는 형태의 비료입니다. 식물 잎을 통해 영양이 빠르게 흡수되지만, 흙에 뿌리는 방식보다는 지속력이 짧습니다.

TIP!

**엽면시비**

엽면시비는 비료 성분을 물에 희석해 식물의 잎에 직접 뿌리는 방법입니다. 잎의 기공과 표피를 통해 영양소가 흡수됩니다. 흙의 상태에 영향을 받지 않아 영양소가 즉각적으로 공급된다는 장점이 있습니다. 특히 철, 마그네슘, 아연과 같은 미량원소의 결핍을 빠르게 해결하는 데 유용합니다. 채소와 과일을 재배할 때도 많이 사용됩니다.

엽면시비는 직사광선을 피해 저녁이나 이른 아침에 하는 것이 좋습니다. 햇빛이 강한 낮에는 증발이 빨라 효과가 떨어질 수 있습니다. 또한 잎의 뒷면에는 기공이 많아 영양소 흡수가 더욱 원활하므로, 잎의 앞뒤에 골고루 시비하는 것이 좋습니다.

### • 뿌리 영양제

뿌리 발달을 돕는 성분이 포함된 비료입니다. 주로 분갈이 후나 뿌리 회복이 필요한 경우 사용합니다.

### • 수경 재배 영양제

흙 없이 물에서 자라는 식물을 위한 영양제로 일반 액체 비료와는 성분 구성이 다릅니다. 미네랄과 미량 원소를 포함해 식물이 수경 상태에서도 충분한 영양을 공급받을 수 있도록 합니다.

## 고체 비료

고체 비료는 작은 알갱이 형태로, 서서히 녹아 식물에 지속적으로 영양을 공급합니다. 퇴비, 유기질 비료, 지렁이 분변토 등의 자연 성분 고형 비료도 있지만 실내에서는 냄새가 나거나 곰팡이가 생길 위험이 있어 추천하지 않습니다. 실내에서는 화학비료가 더 적합합니다.

한 번 주면 장기간 효과가 지속되므로 관리가 편리합니다. 단, 과다하게 주면 흙 속에 염류가 축적될 위험이 있으므로 적정량을 유지해야 합니다. 뿌리에서 일정한 거리를 두고 흙 위에 적정량을 뿌린 뒤 물을 주면서 천천히 흡수되도록 하는 것이 좋습니다. 케이코트, 오스모코트, 멀티코트 등의 제품을 추천합니다.

# 병충해

실내에서 식물을 키울 때 가장 걱정되는 것 중 하나가 벌레입니다. 식물이 많아질수록 주변 지인들도 "벌레는 없어요?"라고 자주 물어보곤 합니다. 사실 흙이 있는 화분을 실내에 두면 벌레가 전혀 없을 수는 없습니다. 해를 끼치지 않는 벌레는 어느 정도 그냥 두는 것이 좋지만, 식물의 건강에 악영향을 미치는 해충이라면 기본적인 관리가 필요합니다.

병충해는 한 번 발생하면 번식 속도가 빠르고, 실내 환경에서는 자연적인 천적이 없으며 농약 사용도 어렵기 때문에 대응이 더욱 어렵습니다. 꾸준한 관리와 예방으로 해충 발생을 최소화하고, 해충이 발견된 화분은 빨리 격리하는 것이 좋습니다.

▲ 루페로 응애 확인하기

## 병충해 예방 방법

### (1) 새로운 식물 분갈이 및 격리하기

새로운 식물을 들일 때 가장 먼저 해야 할 일은 분갈이와 격리입니다. 새로 구매한 식물에는 보이지 않는 해충의 알이나 벌레가 숨어 있을 가능성이 큽니다. 식물을 들여온 후에는 바로 기존 식물과 함께 두지 말고 최소 일주일 정도 따로 격리해 두세요. 격리 기간 동안 해충이 있는지 꼼꼼히 살펴보고, 필요하면 해충약을 사용합니다. 격리가 어렵다면 빠른 시일 내로 기존의 흙을 털어내고 새로운 흙으로 분갈이하면 숨어 있는 해충의 번식을 막을 수 있습니다.

### (2) 주기적인 물 샤워 및 관찰하기

해충은 공기가 건조하고 정체된 환경을 좋아합니다. 따라서 주기적인 물 샤워를 통해 식물을 깨끗하게 관리하면 해충이 생기는 것을 예방할 수 있습니다. 화분 받침을 빼낸 뒤 샤워기나 분무기로 잎과 흙을 골고루 씻어 주세요. 해충이 숨기 쉬운 잎 뒷면과 줄기 사이도 꼼꼼히 씻어야 합니다. 그리고 물을 줄 때마다 식물을 꼼꼼히 살펴보세요. 잎 뒷면, 줄기, 흙 표면 등을 살펴보면 해충이나 이상 징후를 미리 발견할 수 있습니다.

### (3) 주기적으로 해충약 사용하기

해충이 보이지 않더라도 정기적으로 해충약을 사용하면 병충해를 효과적으로 예방할 수 있습니다. 식물 전용 해충약을 1달 간격으로 뿌려 주세요. 님 오일(Neem Oil) 같은 천연 해충 퇴치제를 활용하면 인체에 비교적 안전합니다. 과산화수소수를 물에 약 1:10 비율(3% 과산화수소수 기준)로 희석해 흙이나 잎에 분무해도 좋습니다. 천연 성분 해충약으로 식물관리제 4종사(강적들, M-80, C.크리너, 마무리), 한번에싹, 비오킬, 벅스킬, 버그올킬 등의 제품을 추천합니다.

**TIP!**

**전문 농약 추천**

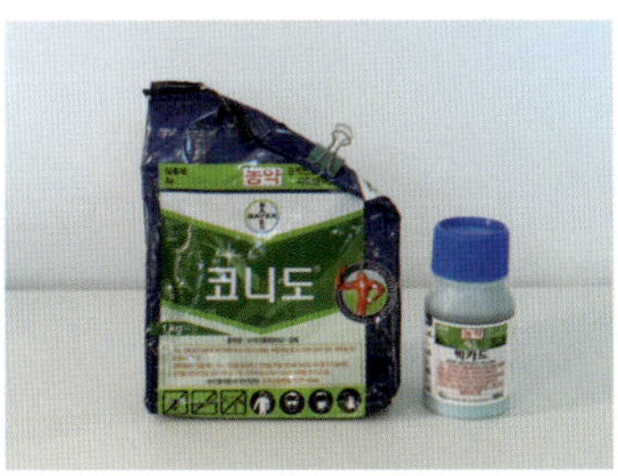


이미 해충이 많이 퍼져 천연 약제로 방제가 안 되는 경우 저독성 전문 농약을 사용하는 방법도 있습니다. 대표적인 제품으로 '코니도 입제'와 '빅카드'가 있습니다. 저독성이지만 독성이 있어 종묘사, 화훼단지 등 오프라인에서만 구입할 수 있습니다.
반드시 제품의 사용법을 숙지하고 적정량을 지켜야 합니다. 아이나 반려동물이 접근할 수 없도록 하고 사용 후에는 손을 깨끗이 씻어야 합니다. 식물에 직접 분무하는 경우에는 가능하면 환기가 잘 되는 실외에서 마스크를 착용하고 사용하는 것이 좋습니다.

- 코니도 입제: 분홍색 가루 형태로, 흙 위에 소량 뿌려두면 3~6개월 정도 효과가 지속됩니다. 진딧물, 뿌리파리 제거에 효과적입니다. 저는 뿌리파리 방제 차원에서 1년에 2~3번 정도 소량 뿌려 주고 있습니다. 가루 형태라 편하고 효과가 정말 좋아서 안전하게만 사용한다면 추천하는 농약입니다.
- 빅카드: 물에 1:2000 비율로 희석해서 사용하는 제품으로, 물을 줄 때 물 대신 희석액을 주고 잎과 줄기에도 분무해 줍니다. 진딧물, 뿌리파리, 깍지벌레 등의 방제가 가능하며 빠른 효과를 볼 수 있습니다.

## 병충해의 종류

**• 응애**

실내에서 가장 흔하게 볼 수 있는 해충으로, 잎이 얇은 식물에서 많이 발생합니다. 크기가 아주 작고 적갈색이나 황색의 거미처럼 생긴 벌레가 잎의 수액을 빨아먹습니다. 응애가 생기면 식물에 미세한 거미줄이 생기고 점차 잎이 노랗게 변하며 작은 점들이 보입니다. 심해지면 잎이 마르고 떨어질 수도 있습니다. 초기에 발견하지 못하면 빠르게 번식해 식물 전체에 피해를 줍니다.

건조한 환경에서 번식이 활발하기 때문에 적절한 습도를 유지하는 것이 중요합니다. 주기적으로 샤워기나 분무기로 식물의 잎을 깨끗하게 씻고, 특히 잎 뒷면을 집중적으로 씻어 줍니다. 님 오일을 물에 희석해 뿌리면 응애의 번식을 억제하는 데 도움이 됩니다. 방제용 제품은 스피칼 플러스를 추천합니다.

**• 뿌리파리**

실내에서 흔하게 볼 수 있는 해충 중 하나입니다. 검고 작은 파리가 흙 위를 날아다니고 흙 속에서는 작은 흰색 유충이 뿌리를 갉아 먹습니다. 식물이 약해지고 시들 수 있으며, 심한 경우 뿌리가 썩어 고사할 수도 있습니다.

흙이 항상 축축한 상태일 때 번식하기 쉽기 때문에 흙 표면이 마른 후 물을 주고 통풍에 신경 씁니다. 계핏가루나 과산화수소수를 희석해 흙에 뿌리면 번식을 억제할 수 있습니다. 끈끈이 트랩을 이용해 성충을 잡을 수 있지만, 흙 속에 알을 많이 낳기 때문에 유충을 없애는 것이 더 중요합니다.

• **총채벌레**

길쭉하고 가느다란 검은색 또는 노란색 몸체를 가진 해충입니다. 잎 표면이 은회색으로 변하고, 잎이 점점 마르고 형태가 변형됩니다. 특히 꽃과 새싹에 집중적으로 피해를 줍니다. 제가 겪어 본 것 중 가장 박멸하기 어려웠던 해충이기도 합니다.

총채벌레는 잎의 조직 내에 알을 낳기 때문에 총채벌레가 발견된 잎은 잘라 내는 것이 좋습니다. 농약을 사용하지 않으려면 흙 속 유충을 없애기 위해 흙갈이를 하는 것이 좋습니다. 방제용 제품은 총진싹, 식물관리제 4총사(강적들, M-80, C.크리너, 마무리)를 추천합니다.

• **깍지벌레(개각충)**

흰색이나 갈색의 작고 단단한 혹처럼 생긴 해충입니다. 화분 주변이나 잎에서 끈적한 것이 발견된다면 깍지벌레의 배설물일 가능성이 높으므로, 잎과 줄기를 꼼꼼히 살펴보면 벌레가 붙어 있는 것을 발견할 수 있습니다. 식물의 영양분을 흡수해 점차 약하게 만듭니다. 방치하면 빠르게 번식해 식물을 심각하게 손상시킬 수 있습니다.

면봉에 알코올을 묻혀 벌레를 하나씩 제거하는 것이 효과적입니다. 심한 경우 비눗물을 뿌려 제거할 수도 있습니다.

• **진딧물**

허브류, 꽃 피는 식물에 많이 발생하는 해충입니다. 초록색, 노란색, 검은색 등 다양한 색상의 작은 벌레들이 잎과 줄기에 무리를 지어 서식하며 식물의 수액을 빨아먹습니다. 감염된 식물은 잎이 오그라들거나 변색됩니다.

강한 물줄기로 씻어 내는 것이 가장 쉽고 효과적입니다. 님 오일을 희석해서 뿌려도 좋습니다.

### • 민달팽이

▲ 민달팽이 흔적

실내에서 잘 발생하지는 않지만, 화분을 실외에 내놓았거나 새로 들인 식물이 있다면 나타날 수 있습니다. 잎에 둥근 구멍이 나 있거나 일부가 뜯어 먹힌 흔적이 보이며, 점액질의 흔적이 남아 있을 수 있습니다.

민달팽이는 주로 저녁과 밤에 활동하기 때문에 낮에는 발견하기 어려우므로 방제용 제품으로 유인해 제거하는 것이 좋습니다. 습한 환경을 좋아하기 때문에 화분 받침에 물이 고이지 않도록 합니다. 방제용 제품은 팽이싹을 추천합니다.

### • 곰팡이

잎과 줄기에 하얗거나 검은 곰팡이가 피어나며, 습기가 많은 환경에서 더욱 심해지는 병해입니다. 일부 곰팡이는 점차 퍼지면서 잎을 갈색으로 변하게 만들기도 합니다. 베고니아에 특히 잘 생깁니다.

공기 순환을 원활하게 하고, 식물 주변의 습도를 낮추는 것이 중요합니다. 계피 물이나 과산화수소수 희석액을 분무하면 곰팡이 예방과 제거에 효과적입니다. 방제용 제품은 클린팡을 추천합니다.

PART 2.

# 다양한 매력의 식물 알아보기

chapter 1

# 꽃을 피우는 식물

- 미니 바이올렛
- 블루 사파이어 호접란
- 수선화
- 제라늄
- 헤르니아 필란시
- 호야

# 미니 바이올렛

**학명:** Streptocarpus ionanthus **난이도:** 쉬움

괭이귀과에 속하는 다년생 식물로 보라색, 분홍색, 하얀색 등 다양한 색상의 꽃을 피웁니다. 벨벳처럼 부드러운 잎과 아기자기한 분위기가 특징입니다. 일반 바이올렛보다 크기가 작게 개량되어 좁은 공간에서도 키우기 좋아요. 가장 큰 매력은 사계절 내내 꽃을 감상할 수 있다는 점입니다. 보통 꽃을 피우는 식물은 양지에서 키워야 꽃을 잘 보여 주지만, 바이올렛은 창문을 투과한 빛이나 식물등 아래의 빛 정도면 지속적으로 꽃을 피우며 공간을 화사하게 만들어 줍니다.

## 식물 관리법

**빛 |** 반양지

**온습도 |** 온도 18~26℃, 습도 40~60%(일반적인 실내 습도)

**흙 |** 상토에 펄라이트 추가(배수가 잘되는 흙)

**번식 |** 뿌리 찢기, 잎꽂이

번식이 매우 쉬운 편입니다. 자라면서 새롭게 생기는 개체를 분리해 심거나, 건강한 잎자루를 잘라 몇 시간 정도 단면을 말려 둔 후 흙에 꽂아 두면 새 뿌리가 나옵니다. 시간이 지나면 줄기 아랫부분에서 다글다글 귀여운 잎들이 나오게 됩니다.

**관리 TIP |**

뿌리는 가늘지만 줄기와 잎이 통통해 건조에 매우 강하고 과습에 취약합니다. 물은 속흙까지 마르면 충분히 줍니다. 옆으로 퍼져 나가며 자라는 특징이 있고 뿌리가 크게 발달하지 않는 편이라, 깊은 화분보다는 낮고 옆으로 넓은 화분에 심는 것이 좋습니다. 잎이 풍성하게 자라면서 포기가 커지면 통풍이 잘 안 되고 지저분해 보일 수 있어 주기적으로 가지치기를 해야 예쁜 형태를 유지할 수 있습니다. 잎을 손으로 따 주거나 새로 자란 개체를 소독한 가위로 잘라내면 됩니다.

# 블루 사파이어 호접란

**학명:** Phalaenopsis 'Blue Sapphire' **난이도:** 보통

화원에 가면 수많은 호접란이 화려하게 피어 있지만, 그중에서도 블루 사파이어는 조금 특별합니다. 크고 화려한 색감의 일반적인 호접란과는 다르게 앙증맞은 사이즈에 은은한 연보랏빛과 푸른빛이 어우러진 꽃이 신비로운 분위기를 자아냅니다. 일반적으로 호접란의 개화 기간은 2~3개월 정도지만, 관리 상태에 따라 길게는 4~5개월까지도 꽃을 유지합니다. 한 번 피면 오랫동안 그 자리를 지키며 공간을 우아하게 채워 줍니다.

## 식물 관리법

**빛 |** 반양지

**온습도 |** 온도 18~26℃, 습도 50% 이상

**흙 |** 수태 또는 바크

**번식 |** 새촉 번식, 꽃대 번식

호접란은 다른 난초에 비해 새촉 발생 빈도가 낮아 번식이 쉬운 편은 아닙니다. 일반적으로 모체의 줄기에서 나오는 새촉으로 번식을 하고, 드물게 꽃이 진 후 꽃대의 마디에서 생긴 새촉으로 번식하는 꽃대 번식을 하기도 합니다. 새촉에 뿌리가 2~3개 이상 충분히 자란 후 모체에서 잘라내어 분리해 심으면 새로운 호접란으로 키울 수 있습니다.

**관리 TIP |**

호접란은 자생지에서는 바위나 나무에 붙어 자라는 착생란으로, 과습에 매우 민감한 식물입니다. 수분 관리를 위해 바크나 수태에 심고, 투명한 화분을 사용하면 뿌리 상태를 눈으로 확인할 수 있어 좋습니다. 뿌리가 초록빛일 때는 수분이 충분한 상태입니다. 뿌리가 은색으로 변하고 바크나 수태가 마르면 물을 줍니다. 꽃대를 올리기 위해서는 저온 자극이 필요합니다. 가을철에 베란다나 창가 가까이에 두어 밤에는 18~20℃, 낮에는 25℃ 안팎으로 온도 차를 주면 꽃대가 형성되기 시작합니다. 한 번 꽃대가 올라오면 꽃이 진 후에 다음 개화를 위해 꽃대를 잘라 정리해 주는 것이 좋습니다.

# 수선화

**학명:** Narcissus tazetta　**난이도:** 보통

겨울이 되면 수선화와 튤립 구근을 심는 재미가 쏠쏠합니다. 두 가지 다 매력적이지만, 구근식물이 처음이라면 수선화를 더 추천해요. 개화율이 높고 꽃을 볼 수 있는 기간도 길어서 기다린 보람이 크거든요. 향기까지 더해지면 실내 분위기가 한층 더 화사해집니다. 수선화는 인내심을 요구하는 식물이기도 해요. 차가운 흙 속에서 오랜 시간을 묵묵히 견디고, 잎이 올라와도 꽃봉오리를 보려면 한참을 더 기다려야 합니다. 기다린 시간만큼 꽃이 피어날 때의 기쁨을 온전히 느낄 수 있는 식물입니다.

## 식물 관리법

**빛 |** 양지, 반양지

밝은 직사광선에서 잘 자라지만, 반양지도 무난합니다. 개화 후에는 반음지에서도 오랫동안 꽃을 유지할 수 있습니다.

**온습도 |** 온도 5~10℃(구근 상태) / 15~20℃(개화기), 습도 40~60%(일반적인 실내 습도)

개화기에 온도가 너무 높으면 꽃이 빨리 시들 수 있습니다.

**흙 |** 상토에 펄라이트 추가(배수가 잘되는 흙)

**번식 |** 파종, 구근 번식

파종으로 꽃이 피기까지는 시간이 오래 걸리기 때문에 보통 구근 번식을 합니다.

- 수선화 구근 번식 방법: 꽃이 지고 잎이 마르고 나면 흙에서 구근을 꺼냅니다. 흙을 잘 털어낸 구근을 그늘에서 약 1주일 정도 말린 후 신문지로 감싸 통풍이 잘되고 서늘한 곳에서 보관합니다. 보관했던 구근을 이듬해 10월~12월경에 다시 심어 해가 잘 들고 서늘한 베란다에서 겨울을 보내면 봄에 꽃대가 생기게 됩니다. 수선화 구근은 반드시 이러한 저온처리 기간을 거쳐야 꽃대가 생기기 때문에, 베란다가 없다면 늦겨울이나 초봄에 꽃대가 달린 수선화 포트를 사 오는 것을 추천합니다.

**관리 TIP |**

물을 줄 때는 겉흙이 마르면 흠뻑 주되, 구근에 물이 직접 닿지 않도록 주의합니다. 꽃이 진 후에는 꽃대를 잘라 주고, 잎은 완전히 시들 때까지 두어야 구근이 건강하게 자랍니다.

# 제라늄

**학명:** Pelargonium  **난이도:** 보통

꽃을 피우는 실내 식물을 찾는다면 제라늄을 빼놓을 수 없습니다. 사계절 내내 풍성한 꽃을 피우고, 색상과 모양이 워낙 다양해 하나만 키우기엔 아쉬울 정도예요. 화분 하나만 두어도 공간이 화사해지고, 여러 개를 키우면 작은 정원을 꾸민 듯한 느낌을 줄 수 있습니다. 실제로 베란다에서 제라늄만 수십 종 키우는 분들도 많이 있습니다. 잎에서는 제라늄 특유의 쌉싸름하면서도 상큼한 민트 향이 나는데, 사람에 따라 호불호가 갈리기도 합니다.

## 식물 관리법

**빛 |** 양지, 반양지

빛을 많이 받아야 꽃대를 풍성하게 올리기 때문에 실내에서는 창가에서 키우는 것이 가장 좋습니다. 빛이 부족하다면 식물등으로 보충해 줍니다.

**온습도 |** 온도 15~25℃, 습도 40~60%(일반적인 실내 습도)

**흙 |** 상토에 펄라이트 추가(배수가 잘되는 흙)

**번식 |** 줄기 삽목, 파종

파종으로 꽃이 피기까지는 시간이 오래 걸리기 때문에 보통 삽목 번식을 합니다. 암술에 다른 개체의 꽃가루를 수분시켜 교배종을 만들 수도 있지만, 이는 전문적인 환경에서 다루는 방법이므로 일반 가드너에게는 권장하지 않습니다.

**관리 TIP |**

건조에 매우 강한 식물로, 물을 말려 키우는 것이 좋습니다. 특히 여름철 고온 다습한 환경에서는 과습에 주의해야 합니다. 장마철에 가장 많이 죽는 식물 중 하나가 제라늄이에요. 죽지 않더라도 잎을 떨궈 뼈다귀 상태가 되었다가 가을부터 다시 잎을 내는 경우도 많습니다. 그래서 이때는 통풍에 더욱 신경 쓰고, 물을 말려 줘야 합니다. 꽃대가 있는 상태일 때는 평소보다 물을 자주 주어 꽃대가 마르지 않도록 합니다. 개화가 끝난 꽃대는 잘라 주면 새롭게 꽃을 피울 수 있습니다.

# 헤르니아 필란시

**학명:** Huernia pillansii **난이도:** 쉬움

헤르니아 필란시는 남아프리카가 원산지인 독특한 다육식물입니다. 처음 보면 선인장처럼 가시가 있는 것 같지만, 사실 가시처럼 보이는 돌기는 부드럽고 만지기 좋은 촉감을 가지고 있어요. 자축을 자주 내어 자연스럽게 군생으로 자라며 화분을 가득 채우는 모습이 정말 귀엽습니다. 무엇보다 눈에 띄는 포인트는 불가사리를 닮은 독특한 꽃으로, 별처럼 펼쳐지며 인상적인 비주얼을 자랑합니다. 충분한 햇빛을 받으면 줄기 전체가 붉게 물드는 색 변화도 즐길 수 있습니다. 계절과 환경에 따라 달라지는 색감 덕분에 다육식물을 좋아하는 가드너들 사이에서 인기가 많아요.

## 식물 관리법

**빛 |** 양지, 반양지

**온습도 |** 온도 18~30℃, 습도 30~60%

건조한 환경(30~40%)이나 일반적인 실내 습도(40~60%)에서 모두 잘 자랍니다.

**흙 |** 다육식물 전용 흙에 마사토, 펄라이트 추가

**번식 |** 잎꽂이, 자구 번식

**관리 TIP |**

속흙까지 완전히 마른 후 물을 주는 것이 중요합니다. 과습과 무름병에 취약하기 때문에 장마철에는 특히 물 주기를 줄이고 통풍에 신경 써야 합니다.

# 호야

**학명:** Hoya　**난이도:** 보통 (종류에 따라 차이가 있음)

호야는 지지대에 감아 키워도, 길게 늘어뜨려 키워도 아름다운 덩굴식물입니다. 두껍고 광택이 있는 잎 자체로도 아름답지만 특히 호야의 꽃은 별 모양으로 작고 귀여우며 달콤한 향까지 더해져 많은 사랑을 받습니다. 관리가 쉬운 편이라 초보자도 도전해 볼 만하고, 독성이 없어 아이나 반려동물이 있는 환경에서도 안전합니다. 다양한 품종이 있어 각각의 매력이 다르므로 취향에 맞는 호야를 선택해 키우는 재미를 느낄 수 있습니다. 줄기를 잘라서 번식이 잘되는 편이라 지인들과 식물 교환을 하기에도 좋은 식물이에요.

## 식물 관리법

**빛 |** 반양지

**온습도 |** 온도 18~25℃, 습도 50~70%
따뜻한 환경을 선호합니다. 15℃ 이하로 내려가면 생장이 느려지고 꽃이 피기도 어렵기 때문에 겨울에는 따뜻한 실내에서 키우는 것이 좋습니다.

**흙 |** 상토에 펄라이트, 코코칩 추가(배수가 잘되는 흙)

**번식 |** 줄기 삽목, 휘묻이

**관리 TIP |**
잎이 두꺼운 대부분의 호야는 건조에 강하므로 물을 너무 자주 주기보다는 겉흙이 마르면 흠뻑 주는 것이 좋습니다. 꽃을 피우려면 충분한 빛이 필요한데, 창가에 걸어 두거나 밝은 간접광을 받으면 꽃대를 생성할 가능성이 높아집니다. 한 번 생성된 꽃대에서는 지속적으로 꽃이 피어나기 때문에 꽃이 지더라도 꽃대를 자르지 않는 것이 중요합니다.

## ※다양한 품종의 호야 꽃

**1.**호야 벨라 바리에가타 **2.**호야 카노사 **3.**호야 리 **4.**호야 로툰디플로라 **5.**호야 마틸다 스플래쉬 **6.**호야 슈퍼에스키모 실버

chapter 2

# 잎의 무늬와 잎맥이 매력적인 식물

- 몬스테라 알보
- 무늬 한련화
- 베고니아 마큘라타
- 베고니아 푸토엔시스
- 아리스톨로키아 레우코네우라
- 안스리움 도라야키 실버
- 알로카시아 프라이덱
- 저스티시아 바리에가타
- 파이퍼 실버티큠
- 필로덴드론 버랄막스 바리에가타
- 필로덴드론 소디로이
- 하월시아

# 몬스테라 알보

**학명:** Monstera borsigiana 'Albo Variegata' **난이도:** 약간 어려움

'무늬 식물' 하면 가장 먼저 생각나는 식물, 바로 몬스테라 알보입니다. 깊고 짙은 녹색 잎에 우유를 흩뿌린 듯한 흰색 무늬가 더해져 독보적인 아름다움을 자랑합니다. 반반씩 나뉜 하프문(half-moon)부터 작은 점처럼 나타나는 스플래쉬(splash), 그리고 완전한 흰색 잎 고스트(ghost)까지 같은 식물에서도 무늬가 각기 다르게 나타나기 때문에 키울수록 기대되는 식물이에요. 한때 '식테크' 열풍과 함께 희소성이 높은 식물로 주목받으며 높은 가격을 형성하기도 했습니다. 지금은 예전보다는 가격이 안정되었지만, 여전히 가장 인기 있는 품종 중 하나입니다.

## 식물 관리법

**빛 |** 반양지

무늬의 양은 유전적 특성에 따라 달라지지만, 밝은 간접광은 흰 무늬가 잘 나타나도록 도와줍니다. 단, 흰 부분이 지나치게 많아지면 광합성이 어려워질 수 있어 빛의 양을 적절하게 조절해 주는 것이 좋습니다.

**온습도 |** 온도 20~28℃, 습도 60% 이상

습도는 60% 이상이면 좋지만 일반적인 실내 습도에서도 잘 자랍니다. 잎에 직접 분무하면 흰 부분이 탈 수도 있으니 가습기로 습도 조절을 하는 것이 좋습니다.

**흙 |** 상토에 펄라이트, 바크 추가(배수가 잘되는 흙)

**번식 |** 줄기 삽목

기근을 최대한 유도해서 흙에 자리 잡게 한 후에 줄기를 자르는 것이 가장 좋습니다. 줄기를 자를 때는 눈자리를 확인하고 손상되지 않도록 잘라야 합니다. 자른 후에는 절단면을 잘 말려 기요나루, 아그리마이신, 소독용 알코올, 계핏가루 등으로 줄기에 살균 처리를 하면 좋습니다. 기근이 아직 작을 경우 줄기를 잘라 물꽂이로 뿌리를 유도할 수 있습니다. 이 경우 자른 삽수의 절단면이 물에 직접 잠기지 않도록 하고, 무르지 않도록 자주 물을 갈아 주며 상태를 확인해 주어야 합니다.

**1.**기근 유도 **2.**물꽂이한 삽수 **3.**뿌리 내린 후 흙에 옮겨 심은 삽수

**관리 TIP |**

물은 속흙까지 마르면 충분히 주되, 과습은 피해야 합니다. 지지대를 세워 주면 더욱 건강하게 자라며, 기근이 흙에 닿도록 유도하면 성장 속도가 빨라집니다. 뿌리를 건강하게 관리해야 잎의 흰 부분이 타지 않고 잘 자랄 수 있습니다. 이미 탄 부분은 소독한 가위로 잘라 주면 더 타들어 가는 것을 막을 수 있습니다.

# 무늬 한련화

**학명:** Tropaeolum majus 'Variegatum' **난이도:** 쉬움

무늬 한련화는 보기 드물게 '무늬 잎+꽃' 조합을 가진 가성비 좋은 식물입니다. 잎에 무늬가 들어가 있어서 일반 한련화보다 관상 가치가 높고, 꽃까지 피면 더 화려한 매력을 느낄 수 있습니다. 씨앗으로 키우기 쉬워 파종을 추천하며, 한 번 키우고 나면 씨앗을 채종해 매년 계속 키울 수 있는 점도 큰 장점입니다. 빛이 부족하면 줄기만 길게 자라고 꽃이 적게 필 수 있으므로 빛이 부족한 환경이라면 봄철에 화원에서 짱짱하게 잘 자란 화분을 골라 오는 것도 좋습니다.

## 식물 관리법

**빛 |** 양지, 반양지

광량이 충분해야 튼튼하게 자라고 꽃이 풍성하게 피므로 최대한 밝은 곳에서 키웁니다.

**온습도 |** 온도 18~24℃, 습도 40~60%(일반적인 실내 습도)

**흙 |** 상토에 펄라이트 추가(배수가 잘되는 흙)

**번식 |** 파종, 줄기 삽목

파종이 가장 일반적입니다. 발아율이 높고 생장이 빠르기 때문에 초보자도 쉽게 시도할 수 있습니다. 꽃이 지고 나면 씨앗이 맺히는데, 잘 익은 씨앗은 충분히 말려 보관한 뒤 이듬해 봄에 파종하면 됩니다. 실내에서는 자연수분이 잘 되지 않아 씨앗이 생기지 않는 경우도 있습니다. 이런 경우 붓이나 면봉으로 수술의 꽃가루를 암술에 묻혀 인공수분을 해 주면 씨앗이 잘 맺힙니다. 삽목도 가능하지만 성공률은 낮은 편입니다. 삽목 시 어린 가지보다 목질화된 줄기를 사용하는 것이 좋습니다.

**관리 TIP |**

물은 겉흙이 마르면 흠뻑 주되, 과습은 피하고 배수가 잘되도록 관리합니다. 줄기 끝이 흘러내리는 형태로 자라기 때문에 화분 가장자리에서 늘어뜨리듯 키우거나 지지대를 세워 덩굴을 유도해도 좋습니다.

▲ 꽃이 핀 무늬 한련화

# 베고니아 마큘라타

**학명:** Begonia maculata　**난이도:** 보통

흰색 또는 은빛의 땡땡이 무늬가 잎 위에 촘촘히 자리 잡고, 뒷면은 붉은색을 띠는 독특한 매력을 가진 식물입니다. 처음에는 무늬가 조금 낯설게 느껴질 수도 있지만 보면 볼수록 빠져드는 신비로운 분위기를 가지고 있어요. 마치 잎 위로 하얀 눈이 내린 것 같은 느낌이 들어서 겨울철 인테리어에도 잘 어울립니다. 화려한 흰색 꽃도 피우는데, 작은 꽃들이 주렁주렁 달리면 더욱 사랑스러운 식물입니다.

## 식물 관리법

**빛 |** 반양지, 반음지

**온습도 |** 온도 20~26℃, 습도 60% 이상

60% 이상의 높은 습도에서 잎이 타지 않고 잘 자랍니다.

**흙 |** 상토에 피트모스, 펄라이트 추가(약산성 흙)

**번식 |** 줄기 삽목, 잎꽂이

잎꽂이도 가능하기는 하지만, 줄기 삽목에 비해 잎꽂이는 성공률이 낮은 편입니다.

**관리 TIP |**

물은 속흙까지 마르면 충분히 주고, 물의 양은 계절이나 습도에 따라 조절합니다. 습도에 민감한 편이라 실내 습도가 낮을 경우 잎끝이 마르거나 갈라지는 현상이 생길 수 있습니다. 여름처럼 습도가 높은 계절에 새 식물을 들이면 적응이 더 쉽습니다. 작은 유묘를 키울 경우 아크릴 박스나 반투명 용기를 활용한 간이 온실에서 습도를 유지해 주는 것이 좋습니다.

▲ 베고니아 마큘라타의 꽃

# 베고니아 푸토엔시스

**학명:** Begonia phutoensis **난이도:** 보통

동그란 잎에 울록불록한 잎맥이 돋보이는 근경성 베고니아로, 줄기가 흙 위를 기어가며 새잎을 내 시간이 지날수록 풍성하게 자라납니다. 잎을 자세히 들여다보면 잎맥이 마치 부드러운 쿠션처럼 입체적으로 자리 잡고 있어 독특한 질감을 느낄 수 있습니다. 빛을 받으면 은은한 광택이 감돌아 더욱 고급스러운 분위기를 냅니다. 또한, 작고 귀여운 흰색 꽃을 비교적 자주 피우는 편입니다.

## 식물 관리법

**빛 |** 반양지, 반음지

**온습도 |** 온도 18~26℃, 습도 50% 이상

습도를 높게 유지하는 것이 좋습니다.

**흙 |** 상토에 피트모스, 펄라이트 추가(약산성 흙)

**번식 |** 잎꽂이, 뿌리 찢기

잎 하나를 여러 개로 잘라 잎꽂이할 수 있습니다. 난석으로 배수층을 깐 다음 상토에 훈탄, 피트모스를 배합해 깔고 잘게 자른 수태를 올린 뒤 자른 잎의 잎맥이 수태에 닿도록 꽂으면 됩니다.

▲ 잎 자르기

▲ 수태에 꽂기

**관리 TIP |**

속흙까지 마르면 물을 줍니다. 습도에 민감한 편이라 습도가 높은 여름철에 새로 들이면 실내 적응이 쉬우며, 특히 작은 유묘라면 아크릴박스나 투명 케이스 같은 간이 온실에서 일정 기간 적응시키는 것이 좋습니다. 잎은 오래되면 자연스럽게 하엽이 지므로 깨끗하게 소독한 가위로 정리해 주면 새잎이 더 건강하게 올라옵니다.

# 아리스톨로키아 레우코네우라

**학명:** Aristolochia leuconeura **난이도:** 약간 어려움

덩굴식물 중에서도 독특한 패턴을 지닌 식물입니다. 귀여운 하트 모양과 뚜렷한 잎맥이 매력적입니다. 짙은 초록색 잎 위로 하얗게 돋아난 듯한 선명한 잎맥이 거미줄처럼 퍼져 있으며, 빛을 받으면 더욱 뚜렷해집니다. 단, 물 주기를 놓치면 신엽이 쉽게 갈색으로 변하고 마르며, 응애가 잘 생겨 관리 난이도는 높은 편입니다.

## 식물 관리법

**빛 |** 반양지

**온습도 |** 온도 20~30℃, 습도 60% 이상

따뜻한 온도와 높은 습도에서 잘 자랍니다. 실내가 건조할 경우 가습기나 분무기로 습도를 유지하면 좋습니다.

**흙 |** 상토에 펄라이트 추가(배수가 잘되는 흙)

**번식 |** 줄기 삽목

**관리 TIP |**

겉흙이 마르면 물을 흠뻑 줍니다. 응애가 발생하기 쉬우므로 통풍에 신경 쓰고 주기적인 물 샤워로 예방하는 것이 좋습니다. 성장 속도가 빨라서 줄기에서 새로운 잎이 자주 나오기 때문에, 응애가 많이 발생했다면 잎과 줄기를 어느 정도 제거해도 괜찮습니다. 원형 지지대를 세워 줄기를 감아 주면 예쁘게 키울 수 있습니다.

# 안스리움 도라야키 실버

**학명:** Anthurium crystallinum 'Dorayaki Silver'　**난이도:** 보통

안스리움의 세계는 정말 다양합니다. 독특한 잎의 질감과 화려한 잎맥이 특징으로, 플랜테리어 식물로 많은 사랑을 받고 있습니다. 그중에서도 안스리움 도라야키 실버는 은빛이 감도는 벨벳 질감의 잎이 가장 큰 매력인 식물입니다. 둥글고 넓은 잎 모양이 일본 전통 과자인 '도라야키'를 연상시켜 이런 이름이 붙여졌어요. 빛의 각도에 따라 잎맥의 반짝이는 은빛 광택이 달라져 살아 있는 보석 같은 느낌을 줍니다. 새잎이 펼쳐질 때는 잎맥이 더욱 진한 은빛을 띠다가, 성숙하면서 은색과 녹색이 조화를 이루며 깊이 있는 색으로 변합니다.

## 식물 관리법

**빛 |** 반양지

**온습도 |** 온도 18~28℃, 습도 60% 이상

**흙 |** 상토에 바크 또는 난석 추가

안스리움은 자생지에서는 나무나 바위 등에 착생해서 자라기 때문에, 통기성과 배수가 좋은 바크나 난석을 섞어 주면 좋습니다.

**번식 |** 줄기 삽목, 뿌리 찢기, 파종

**관리 TIP |**

공중습도가 높은 환경을 좋아하지만, 과습에는 취약합니다. 뿌리가 우동처럼 통통해 물이 많으면 쉽게 무를 수 있으므로 흙 배합과 물 주기를 신경 쓰는 것이 좋습니다. 잎이 크고 건강하게 자라려면 뿌리가 잘 발달하는 것이 중요합니다. 젖은 수태를 목대 주변에 감아 주는 일명 '수태 목도리' 방법을 활용하면 뿌리가 쉽게 흙으로 뻗어나가도록 유도할 수 있습니다.

▲ 수태 목도리

# 알로카시아 프라이덱

**학명:** Alocasia micholitziana 'Frydek' **난이도:** 약간 어려움

알로카시아 프라이덱은 한눈에 고급스러움이 느껴지는 식물입니다. 깊고 짙은 초록빛 위로 도드라진 하얀 잎맥, 그리고 벨벳 같은 질감이 시선을 사로잡아 인테리어 포인트로도 많이 사랑받습니다. 단, 관리 난이도는 조금 높은 편이에요. 습도와 물 관리에 예민하고, 빛이 부족하면 잎이 쉽게 늘어지는 특성이 있습니다. 특히 실내에서는 환경 변화에 민감하게 반응하므로 세심한 관리가 필요합니다.

## 식물 관리법

**빛 |** 반양지

**온습도 |** 온도 18~28℃, 습도 60% 이상

**흙 |** 상토에 펄라이트 추가

**번식 |** 뿌리 찢기, 자구 번식, 줄기 삽목

이미 뿌리를 내리고 잎이 나온 자구는 뿌리 찢기로 번식이 가능하지만, 그 전에 뿌리를 털어 자구를 수확한 뒤 따로 심어 번식하기도 합니다. 또한 목대가 어느 정도 자란 개체라면 목대에서도 뿌리와 새촉이 나올 수 있으므로 목대를 잘라 삽목 번식할 수도 있습니다.

**관리 TIP |**

겉흙이 마르면 물을 흠뻑 주되, 뿌리가 쉽게 썩을 수 있어 과습에는 특히 주의해야 합니다. 과습이 심할 경우 줄기까지 물러지면 회복이 어렵습니다. 물 주기가 어려울 때는 차라리 흙이 바싹 마른 뒤 물을 주는 것이 더 안전하고, 물이 잘 마르도록 작은 화분을 사용하는 것도 좋은 방법이에요. 잎이 크고 무거워서 아래로 처질 수 있으므로 지지대를 세워 주는 것이 좋고, 잎이 빛을 따라 움직이는 특성이 있어 창 쪽을 향하도록 배치하면 예쁘게 자랍니다. 해충 중에서는 응애가 잘 발생하는 편이니 통풍이 잘되는 환경을 만들어 주고, 주기적인 물 샤워로 예방해 주세요.

# 저스티시아 바리에가타

**학명:** Justicia gendarussa 'Variegata' **난이도:** 보통

저스티시아 바리에가타는 연한 크림색과 초록색이 조화를 이루며, 잎 하나하나가 마치 수채화처럼 아름다운 패턴을 가지고 있습니다. 또한 구불구불한 잎의 형태가 독특한 식물입니다. 화려한 잎 때문에 키우기 어려울 것 같지만 의외로 관리가 쉬운 편이라 초보 가드너도 부담 없이 기를 수 있는 식물입니다.

## 식물 관리법

**빛 |** 반양지

**온습도 |** 온도 18~30℃, 습도 40~50%

추위에 약해 온도가 최저 15℃ 이하로 내려가지 않도록 주의해야 합니다. 일반적인 실내 습도에서도 무난하게 자랍니다.

**흙 |** 상토에 펄라이트 추가(배수가 잘되는 흙)

**번식 |** 줄기 삽목

**관리 TIP |**

겉흙이 마르면 물을 흠뻑 주세요. 과습을 피하고 통풍이 잘되도록 관리합니다. 기본적으로 병충해에 강하지만 너무 습하거나 통풍이 부족하면 깍지벌레나 응애가 생길 수 있습니다. 가지치기를 자주 해 주면 더 풍성하게 자라며, 줄기가 길게 뻗는 것을 방지할 수 있습니다. 성장기인 봄여름에는 알비료를 주면 더욱 건강하게 자랍니다.

# 파이퍼 실버티쿰

**학명:** Piper sylvaticum **난이도:** 보통

파이퍼는 마치 반짝이는 가루를 뿌린 것처럼 빛나는 잎맥이 아름다운 식물입니다. 파이퍼(Piper) 속 식물들은 후추과(Piperaceae)에 속합니다. 우리가 흔히 알고 있는 후추(Piper nigrum)와 같은 과이지만, 열매를 맺어 향신료로 사용되는 것은 아니에요. 대신 매력적인 잎 덕분에 관엽식물로 인기가 많습니다. 파이퍼 실버티쿰은 가장 대중적인 파이퍼 품종 중 하나로, 짙은 녹색 바탕에 은빛 잎맥이 선명하게 퍼져 있어 우아한 느낌을 줍니다. 빛을 받을 때마다 잎맥이 더욱 빛나며 고급스러운 분위기를 연출합니다. 조금 더 화려한 품종으로는 분홍색 잎맥을 가진 파이퍼 크로카텀이 있습니다.

## 식물 관리법

**빛 |** 반양지

**온습도 |** 20~28℃, 습도 50% 이상

따뜻한 환경을 좋아하며, 높은 습도에서 잎이 타지 않고 잘 자랍니다. 건조한 환경에서는 잎끝이 마를 수 있으므로 가습기나 분무기로 습도를 유지해 주는 것이 좋습니다.

**흙 |** 상토에 펄라이트 추가(배수가 잘되는 흙)

**번식 |** 줄기 삽목

**관리 TIP |**

파이퍼 잎에는 가끔 설탕처럼 작은 알갱이가 맺히는 경우가 있는데, 이는 식물 자체에서 분비된 당액이 결정화된 자연스러운 현상입니다. 잎을 미지근한 물로 샤워시키거나 부드럽게 문질러 주면 깨끗하게 제거할 수 있습니다. 덩굴식물이므로 지지대를 세워 수직으로 유도하면 공간을 더 효율적으로 활용할 수 있고, 잎도 깔끔하게 정리되어 보기 좋습니다.

▲ 지지대를 세운 파이퍼 크로카텀

# 필로덴드론 버럴막스 바리에가타

**학명:** Philodendron 'Burle Marx Variegata' **난이도:** 쉬움

필로덴드론은 키우기 까다롭다는 인식이 있지만, 그중 버럴막스는 초보자에게 가장 추천할 만한 품종입니다. 건강하고 빠르게 자라며, 새로운 잎이 자주 나와 성장의 즐거움을 느낄 수 있는 식물이에요. 길고 반질반질한 토끼 귀 모양의 잎은 공간에 생기를 더해 주며 식물 하나만으로도 포인트가 됩니다. 공중습도에 크게 민감하지 않아 일반적인 실내 환경에서도 잘 자라고 가습기 없이도 풍성한 잎을 유지할 수 있는 것이 장점입니다. 특히 무늬종인 버럴막스 바리에가타는 색다른 매력을 좋아하는 분들에게 추천해요. 밝은 연두색과 녹색의 무늬가 비교적 안정적으로 유지되어 초보자도 충분히 도전할 수 있습니다.

## 식물 관리법

**빛 |** 반양지

**온습도 |** 온도 18~26℃, 습도 40~60%(일반적인 실내 습도)

습도가 높을수록 잎이 더 크고 건강하게 유지되지만, 일반적인 실내 습도에서도 무난하게 잘 자랍니다.

**흙 |** 상토에 펄라이트, 바크 추가

**번식 |** 줄기 삽목

**관리 TIP |**

물은 겉흙이 마른 후 흠뻑 주되, 과습은 피합니다. 잎과 줄기에서 끈적한 당액이 분비될 수 있는데, 이는 자연스러운 현상이지만 자국이 생길 수 있으므로 물을 줄 때 잎과 줄기까지 함께 씻어내는 것이 좋습니다.

# 필로덴드론 소디로이

**학명:** Philodendron sodiroi　**난이도:** 보통

필로덴드론 소디로이는 하트 모양의 잎에 은빛 무늬가 섬세하게 번지는 모습이 인상적인 식물입니다. 크기가 작을 때도 충분히 아름답지만 시간이 지날수록 잎의 무늬가 더 선명해지고 크기도 넓게 퍼지며 존재감이 커지는 식물이에요. 가능하다면 대품으로 키우는 것을 추천할 만큼, 성장할수록 멋스러움이 배가됩니다.

## 식물 관리법

**빛 |** 반양지

강한 직사광선은 잎을 태울 수 있으므로 유리창을 투과한 빛이 적절합니다.

**온습도 |** 온도 18~28℃, 습도 50% 이상

습도는 50% 이상을 유지하는 것이 좋지만 다른 필로덴드론에 비해서는 낮은 습도에도 비교적 강한 편입니다. 건조한 환경에서는 가습기나 분무기로 습도를 유지해 주세요.

**흙 |** 상토에 펄라이트, 바크 추가

**번식 |** 줄기 삽목

**관리 TIP |**

물은 겉흙이 마르면 흠뻑 주되 과습은 피합니다. 잎과 줄기에서 끈적한 당액이 분비될 수 있는데, 이는 자연스러운 현상이지만 자국이 생길 수 있으므로 물을 줄 때 잎과 줄기까지 함께 씻어내는 것이 좋습니다. 위로 자라는 특성이 있어 지지대를 세워 주면 더 큰 잎을 감상할 수 있습니다. 새잎이 나올 때 잎에 분무해 주면 잎이 찢어지는 것을 방지할 수 있습니다.

▲ 지지대를 세워 대품으로 키운 모습

# 하월시아

**학명:** Haworthia **난이도:** 쉬움

하월시아는 탱탱하고 투명한 잎이 매력적인 다육식물입니다. 빛을 받을 때 잎끝이 맑게 비치면서 투명한 유리창처럼 보이는 모습이 특징이에요. 크기가 작고 천천히 자라기 때문에 공간을 많이 차지하지 않으면서도 존재감이 강한 식물입니다. 잎 표면에 품종별로 다양한 무늬와 패턴이 새겨져 있어, 어떤 품종을 선택하느냐에 따라 전혀 다른 매력을 보여 주는 식물이기도 합니다. 무엇보다 하월시아는 물을 적게 주어도 되고 관리가 쉬워 초보자도 부담 없이 키울 수 있어요.

## 식물 관리법

**빛 |** 반양지

**온습도 |** 온도 15~25℃, 습도 30~60%
건조한 환경(30~40%) 또는 일반적인 실내 습도(40~60%)에서 모두 잘 자랍니다.

**흙 |** 다육식물 전용 흙에 마사토, 펄라이트 추가

**번식 |** 자구 번식, 잎꽂이

**관리 TIP |**
속흙까지 완전히 마른 후 물을 주는 것이 중요합니다. 물을 너무 자주 주거나 빛이 부족하면 잎이 길어지고 늘어지는 웃자람 현상이 발생합니다.

chapter 3

# 잎의 모양이 매력적인 식물

- 구갑룡
- 마니홋 그라하미
- 몬스테라 아단소니
- 스테파니아 세파란타
- 알로에
- 알리고무나무
- 오리발 시계초
- 인도고무나무
- 크로톤 코디아에엄
- 테이블야자
- 필로덴드론 빌리에티에
- 필로덴드론 토텀
- 필로덴드론 플로리다뷰티 바리에가타

# 구갑룡

**학명:** Dioscorea elephantipes　**난이도:** 보통

구갑룡은 주로 남아프리카의 건조한 지역에서 자생하는 식물로, 거북이 등껍질처럼 울퉁불퉁한 괴근 위로 사랑스러운 하트 모양 잎이 자라납니다. 잎을 원형 지지대에 감아 올리면 더욱 아름답게 연출됩니다. 처음에는 괴근이 작은 돌멩이처럼 보이지만, 시간이 지날수록 점점 커지고 갈라지면서 독특한 무늬가 만들어집니다. 해마다 괴근이 조금씩 커지고 갈라짐이 깊어지는 모습을 보면 마치 시간이 쌓여 가는 것 같습니다. 느리지만 확실한 변화가 매력적인 식물입니다.

## 식물 관리법

**빛 |** 반양지

**온습도 |** 온도 20~28℃, 습도 40~60%(일반적인 실내 습도)
일반적인 실내 습도에서 잘 자라지만, 파종으로 싹이 틀 때는 60% 이상의 높은 습도가 필요합니다.

**흙 |** 다육식물 전용 배합토(마사토나 난석 포함된 것)

**번식 |** 파종
파종이 잘 되는 편입니다. 배수 좋은 흙에 씨앗을 심고 흙을 촉촉하게 유지하면 2~3주 후에 싹이 나옵니다. 싹이 나온 후에는 겉흙이 마르면 물을 줍니다.

**관리 TIP |**
물은 속흙까지 마르면 충분히 줍니다. 여름철에 더워지면 잎이 노랗게 변하면서 떨어지고 휴면기에 들어가는데, 실내 온도만 잘 관리해 주면 사계절 내내 잎을 내기도 합니다. 휴면기에 들어갔다면 물을 완전히 줄여야 합니다. 과습을 걱정해서 너무 작은 화분을 쓰면 괴근이 잘 커지지 않습니다. 배수 좋은 흙을 추가하고 화분을 조금씩 늘려 주어야 괴근도 성장합니다. 응애가 종종 생기는 편이므로 물을 줄 때 물 샤워로 잎까지 깨끗하게 씻어 주는 것이 좋습니다.

# 마니훗 그라하미

학명: Manihot grahamii    난이도: 어려움

마니훗 그라하미는 손바닥처럼 갈라진 독특한 잎 모양으로 시선을 사로잡는 식물입니다. 어린잎은 3~5갈래로 얕게 갈라지다가, 성숙할수록 5~9갈래로 깊게 갈라지며 각 갈래가 가늘고 뾰족하게 뻗어 나갑니다. 잎자루가 길어 바람에 우아하게 흔들리는 모습이 인상적입니다. 줄기는 자랄수록 녹색에서 갈색으로 변하며 목질화되어 작은 나무처럼 자랍니다. 남아메리카가 원산지인 열대 목본식물로, 실내에서 키우기에 다소 까다로운 편이지만 성체로 자라면서 점점 또렷해지는 개성 있는 잎 모양 덕분에 많은 사랑을 받고 있습니다.

## 식물 관리법

**빛 |** 양지, 반양지

**온습도 |** 온도 20~30℃, 습도 40~60%(일반적인 실내 습도)
온도 변화에 민감한 편이라 온도차가 심한 가을철부터 아래쪽 잎이 노랗게 변하고 떨어지기 쉽습니다.

**흙 |** 상토에 산야초 또는 적옥토 추가

**번식 |** 파종, 줄기 삽목

**관리 TIP |**
겉흙이 마르면 충분히 물을 주되, 과습은 반드시 피합니다. 물 관리에 예민한 식물이므로 배수가 잘되는 흙에 심고 물을 자주 주는 것이 좋습니다. 햇빛이 잘 드는 공간에서 키우면 건강하게 자라며, 선풍기나 창문 환기 등으로 통풍을 잘 시켜 주면 줄기가 튼튼해집니다. 원하는 높이에서 생장점을 잘라 주면 곁가지가 나와 풍성한 수형을 만들 수 있습니다. 응애가 발생하기 쉬우므로 통풍에 신경 쓰고 주기적인 물 샤워로 예방하는 것이 좋습니다. 뿌리가 예민한 편이니 분갈이 시 뿌리를 최대한 건드리지 않도록 주의합니다.

# 몬스테라 아단소니

**학명:** Monstera adansonii　**난이도:** 쉬움

몬스테라는 생명력이 강하고 실내 적응력이 뛰어난 식물로 잘 알려져 있는데요. 그중에서도 아단소니는 아담한 크기 덕분에 작은 화분에서도 부담 없이 키울 수 있는 품종입니다. 가장 큰 매력은 잎에 자연스럽게 생기는 구멍이에요. 이 구멍은 몬스테라 특유의 적응형 구조로, 열대우림에서 빛과 바람이 잘 통하도록 돕는 기능을 합니다. 처음엔 조금 생소하게 느껴질 수 있지만 잎마다 구멍의 크기나 위치가 조금씩 달라 관찰하는 재미도 쏠쏠합니다. 줄기가 덩굴처럼 길게 뻗어 자라는 특징이 있어, 행잉 플랜트로 공중에 매달아 키우거나 지지대를 세워 위로 올려 키우면 풍성하고 입체적인 플랜테리어를 연출할 수 있습니다.

## 식물 관리법

**빛 |** 반양지

**온습도 |** 온도 18~26℃, 습도 40~60%(일반적인 실내 습도)
일반적인 실내 습도에서도 잘 자라지만, 높은 습도에서 잎이 더욱 건강하게 성장합니다.

**흙 |** 상토에 펄라이트, 바크 추가

**번식 |** 줄기 삽목

**관리 TIP |**
물은 겉흙이 마른 후 흠뻑 주되 과습은 피합니다. 줄기만 길게 뻗고 잎이 나지 않는 경우가 생기기도 하는데, 이는 대부분 빛이 부족할 때 나타나는 현상입니다. 이 경우 줄기를 잘라 내고 빛이 더 잘 드는 곳으로 옮겨 키우면 다시 건강하게 새잎이 올라올 수 있습니다.

### ※ 비슷한 구멍 잎 몬스테라가 궁금하다면?

몬스테라 아단소니의 구멍 잎이 마음에 들었다면 비슷하게 생긴 다른 몬스테라들도 살펴보세요. 잎은 더 작고 구멍은 더 넓어 매우 독특한 외형의 오블리쿠아 페루, 잎이 크고 구멍도 큼직해 시원한 인상을 주는 에스쿠엘레토 등이 있습니다. 단, 두 종 모두 아단소니에 비해 관리가 까다롭고 희귀한 편입니다.

▲ 몬스테라 오블리쿠아 페루

▲ 몬스테라 에스쿠엘레토

# 스테파니아 세파란타

**학명:** Stephania cephalantha　**난이도:** 보통

감자처럼 둥글고 거친 괴근에서 가느다란 덩굴이 자라나고, 그 끝마다 동글동글한 잎이 피어나는 식물입니다. 괴근 덕분에 물을 자주 주지 않아도 오랫동안 버틸 수 있는 강한 생명력을 가지고 있습니다. 스테파니아 세파란타의 가장 큰 매력은 거칠고 투박한 괴근과는 대조적으로 마치 물방울이 맺힌 듯한 동그란 잎들이 차곡차곡 자라나는 모습이에요. 꾸준히 관리해 주면 덩굴이 길게 뻗으며 더욱 풍성한 모습으로 성장해, 시간이 지날수록 매력적인 식물입니다.

## 식물 관리법

**빛 |** 반양지

**온습도 |** 온도 20~30℃, 습도 40~60%(일반적인 실내 습도)

**흙 |** 상토에 마사토, 펄라이트 추가(배수가 잘되는 흙)

**번식 |** 파종, 줄기 삽목

**관리 TIP |**

물은 속흙까지 마르면 괴근 가장자리로 충분히 줍니다. 휴면기인 겨울에는 물 주기를 줄이고 서늘한 곳에서 관리하면 봄에 새잎을 냅니다. 겨울철에도 실내를 따뜻하게 유지하면 동면에 들지 않을 수도 있습니다. 화분에 심을 때는 괴근이 흙에 너무 파묻히지 않도록 적당한 깊이로 심고, 과습을 막기 위해 너무 크지 않은 화분에 심습니다. 줄기가 길어지면 원형 지지대를 이용해 리스를 만들면 더욱 풍성하고 예쁘게 관리할 수 있습니다.

▲ 스테파니아 세파란타의 괴근

# 알로에

**학명:** Aloe　**난이도:** 쉬움

알로에는 두툼한 잎이 방사형으로 펼쳐지며 자라고, 잎의 가장자리를 따라 작은 가시들이 늘어서 있어 강인하면서도 독특한 매력을 가진 식물입니다. 아프리카, 마다가스카르, 중동 등 뜨겁고 메마른 지역에서 자생하는 다육식물로, 잎 속에 수분을 저장하는 능력이 뛰어나 한 달 가까이 물을 주지 않아도 견딜 수 있을 정도로 건조에 강해요. 실내에서도 햇빛만 잘 들면 별다른 관리 없이도 건강하게 자라기 때문에 물을 자주 주기 어려운 분들이 키우기 좋습니다. 대부분의 식물이 낮에 광합성을 하는 반면, 알로에는 특이하게 밤에 이산화탄소를 흡수하고 산소를 배출하는 CAM 광합성을 해 실내 공기를 정화하는 데도 도움을 줍니다.

## 식물 관리법

**빛 |** 양지, 반양지

창가, 베란다 등 밝은 곳에서 키워야 예쁘게 자라납니다. 빛이 부족하면 잎이 길어지고 늘어지는 웃자람 현상이 발생합니다.

**온습도 |** 온도 18~25℃, 습도 30~60%

건조한 환경(30~40%)이나 일반적인 실내 습도(40~60%)에서 모두 잘 자랍니다.

**흙 |** 다육식물 전용 흙에 마사토, 펄라이트 추가

**번식 |** 잎꽂이, 자구 번식

**관리 TIP |**

물은 속흙까지 완전히 마른 후 주어야 합니다.

# 알리고무나무

**학명:** Ficus binnendijkii 'Alii'　**난이도:** 쉬움

고무나무라고 하면 흔히 넓고 둥근 잎을 떠올립니다. 하지만 알리고무나무는 일반적인 고무나무와 달리 가늘고 긴 잎을 뽐내는 식물입니다. 마치 긴잎아카시아나 버드나무처럼 늘씬한 잎이 인상적입니다. 공기 정화 능력도 뛰어나고, 고무나무 특유의 강한 생명력으로 초보 가드너도 쉽게 키울 수 있습니다.

## 식물 관리법

**빛 |** 반양지

**온습도 |** 온도 20~30℃, 습도 40~60%(일반적인 실내 습도)

습도가 높은 환경을 좋아하므로 건조한 실내에서는 가습기나 분무기로 습도를 유지하면 좋습니다.

**흙 |** 상토에 펄라이트 추가(약산성 또는 중성, 배수가 잘되는 흙)

**번식 |** 줄기 삽목

잎과 줄기를 자를 때 수액이 나오므로 장갑을 착용하는 것이 좋습니다.

**관리 TIP |**

물은 겉흙이 마르면 흠뻑 주고, 과습은 피합니다. 성장기인 봄과 여름에는 알비료를 주어 영양을 보충합니다. 깔끔한 수형을 원한다면 목대 아래쪽의 잎들을 잘라내고 가지치기를 해서 수형을 만듭니다. 화원에서 고무나무를 처음 데려오면 잎에 물때 같은 얼룩이 있는데, 물에 희석한 마요네즈나 박카스를 키친타올에 적셔 잎을 닦아주면 깨끗하게 관리할 수 있습니다.

# 오리발 시계초

**학명:** Passiflora trifasciata **난이도:** 쉬움

오리가 남긴 발자국을 닮은 독특한 잎이 특징인 덩굴식물입니다. 잎의 모양뿐 아니라, 빛에 따라 색이 미묘하게 변화하는 모습도 매력적이에요. 밝은 공간에서는 초록색과 보라색이 조화를 이루고, 빛이 부족하면 초록빛이 강해지지만 그래도 건강하게 잘 자랍니다. 환경이 잘 맞으면 잎도 점점 커져 일명 '공룡발'이 되기도 합니다. 오리발 시계초도 다른 시계초처럼 독특한 꽃을 피울 수 있지만, 실내에서는 꽃을 보기 어려운 편이라 잎을 감상하는 목적으로 키우는 경우가 많습니다.

## 식물 관리법

**빛 |** 반양지

**온습도 |** 온도 18~30℃, 습도 60% 이상

습도가 높은 환경을 좋아합니다. 일반적인 실내 습도에도 잘 적응하지만, 공기가 건조하다면 가습기나 분무기로 습도를 유지하는 것이 좋습니다.

**흙 |** 상토에 펄라이트 추가(배수가 잘되는 흙)

**번식 |** 줄기 삽목

줄기를 자른 뒤, 잘게 잘라 적신 수태나 물에 꽂아 밀폐해 두면 뿌리를 잘 내립니다. 뿌리가 충분히 생기면 흙에 옮겨 심고 적당한 크기로 자랄 때까지 높은 습도를 유지해 줍니다.

▲ 수태에 삽목한 줄기

▲ 흙에 옮겨 심은 줄기

**관리 TIP |**

잎이 얇아 건조에 취약한 편이므로 물은 겉흙이 마르면 흠뻑 줍니다. 지지대를 세워 주면 더욱 풍성하게 자라지만, 하엽이 쉽게 지는 편이라 잎이 떨어지면 허전해 보일 수 있습니다. 주기적으로 가지를 잘라 새잎을 유도하거나, 줄기를 삽목해 다시 심는 방식으로 관리하면 건강하고 예쁜 모습을 유지할 수 있습니다.

# 인도고무나무

**학명:** Ficus elastica **난이도:** 쉬움

'실내에서 키우기 좋은 식물' 목록에 항상 이름을 올리는 인도고무나무입니다. 크고 광택 있는 잎이 공간에 시원하고 세련된 느낌을 더해 줍니다. 인도, 네팔, 말레이반도 등 습한 열대 지역에서 자생하지만 실내 환경에도 매우 잘 적응하여 초보 가드너에게 추천하는 식물입니다. 공기 정화 능력도 있어 쾌적한 환경 조성에 도움을 줄 수 있습니다.

## 식물 관리법

**빛 |** 반양지

**온습도 |** 온도 20~30℃, 습도 40~60%(일반적인 실내 습도)

습도가 높은 환경을 좋아하므로 건조한 실내에서는 가습기나 분무기로 습도를 유지하면 좋습니다. 급격한 온도 변화나 건조한 공기로 인해 잎끝이 마를 수 있으므로 주의가 필요합니다.

**흙 |** 상토에 펄라이트 추가(약산성 또는 중성, 배수가 잘되는 흙)

**번식 |** 줄기 삽목

잎과 줄기를 자를 때 수액이 나오므로 장갑을 착용하는 것이 좋습니다.

**관리 TIP |**

물은 겉흙이 마르면 흠뻑 주고, 과습은 피합니다. 성장기인 봄과 여름에는 알비료를 주어 영양을 보충합니다. 깔끔한 수형을 원한다면 목대 아래쪽의 잎들을 잘라내고 가지치기를 합니다. 큰 잎에 먼지가 쌓이면 광합성에 방해가 될 수 있으므로 물 샤워를 시켜 주는 것이 좋지만, 대품의 경우 베란다나 화장실로 옮기기 어렵다면 젖은 천으로 닦아 주는 것도 좋습니다. 화원에서 고무나무를 처음 데려오면 잎에 물때 같은 얼룩이 있는데, 물에 희석한 마요네즈나 박카스를 키친타올에 적셔 잎을 닦아 주면 깨끗하게 관리할 수 있습니다.

DE PAIX
Vert
BIEN LES VOIR
H. MATISSE

# 크로톤 코디아에엄

**학명:** Codiaeum variegatum 'Mother and Daughter' **난이도:** 보통

크로톤은 워낙 다양한 품종이 있지만, 그중에서도 '엄마와 딸'이라는 별명이 있는 크로톤 코디아에엄은 독특한 매력을 가지고 있습니다. 처음에는 길쭉한 타원형의 잎이 자라다가, 어느 순간 잎끝에 또 다른 작은 잎이 달리는 것을 볼 수 있는데요. 마치 엄마가 딸의 손을 잡고 있는 듯한 모양이어서 이 특별한 이름이 붙었다고 합니다. 크로톤의 또 다른 매력은 색감의 변화입니다. 연둣빛 잎이 점점 주황빛과 붉은빛으로 물들며 성장하는데, 하나의 식물에서 이렇게 다양한 색을 볼 수 있다는 점이 크로톤의 묘미죠. 별다른 가지치기 없이도 잎이 풍성하게 자라나는 식물이라, 초보 가드너에게도 부담이 없습니다.

## 식물 관리법

**빛 |** 반양지

해가 잘 드는 창가에서 키우는 것이 좋습니다. 충분한 햇빛을 받을수록 잎이 탄탄해지고 색감이 선명해집니다.

**온습도 |** 온도 20~25℃, 습도 50% 이상

따뜻한 환경에서 잘 자라며, 높은 습도를 좋아합니다. 건조한 환경에서는 가습기나 분무기로 습도를 유지하는 것이 좋습니다. 갑작스러운 온도 변화에 잎을 떨굴 수 있으니 주의합니다.

**흙 |** 상토에 펄라이트 추가(배수가 잘되는 흙)

**번식 |** 줄기 삽목

줄기를 자를 때 수액이 나오므로 장갑을 착용하는 것이 좋습니다.

**관리 TIP |**

물은 겉흙이 마르면 흠뻑 주고, 과습은 피합니다. 응애가 발생할 수 있으므로 주기적인 물 샤워를 시켜 주는 것이 좋습니다.

# 테이블야자

**학명:** Chamaedorea elegans **난이도:** 쉬움

테이블야자는 멕시코와 과테말라의 열대우림 지역에서 자생하는 식물입니다. 이 지역은 빽빽하게 나무가 우거진 정글로, 강한 직사광선이 바닥까지 잘 닿지 않기 때문에 적은 빛에서도 잘 자라는 특성을 가지게 되었습니다. 우아하게 늘어지는 잎이 어떤 공간에나 잘 어울리며, 야자 중에서는 크기가 아담한 편이라 좁은 공간에서도 부담 없이 키울 수 있습니다. 흙 없이 수경 재배로도 잘 자랍니다.

## 식물 관리법

**빛 |** 반음지

**온습도 |** 온도 18~27℃, 습도 50% 이상

실내가 건조할 경우 가습기나 분무기로 습도를 유지하면 좋습니다.

**흙 |** 상토에 펄라이트 추가(배수가 잘되는 흙)

**번식 |** 뿌리 찢기

**관리 TIP |**

건조에 강한 편입니다. 물은 겉흙이 마르면 흠뻑 주고 과습은 피합니다. 오래된 잎은 자연스럽게 노랗게 변하는데, 제때 잘라 주지 않으면 습기로 인해 곰팡이가 생길 수 있습니다. 깨끗한 가위로 정리해 주면 건강한 성장을 돕고 깔끔한 모습을 유지할 수 있습니다.

# 필로덴드론 빌리에티에

**학명:** Philodendron billietiae **난이도:** 쉬움

길고 날렵하게 뻗은 잎에는 윤기가 감돌고, 뾰족하게 둘로 솟은 잎끝이 독특한 매력을 더합니다. 멀리서 보면 마치 우아하게 비행하는 익룡의 실루엣 같다고 해서 '익룡 필로덴드론'이라는 별명도 가지고 있어요. 필로덴드론 빌리에티에는 다른 필로덴드론보다 관리가 쉬운 편입니다. 습도 변화에도 크게 영향을 받지 않고, 병충해에도 강한 편이라 초보 가드너도 쉽게 키울 수 있습니다. 시간이 지날수록 잎이 더욱 길어지고, 따로 지지대를 하지 않으면 아래로 자연스럽게 늘어지면서 공간에 유려한 흐름을 만들어 주는 것이 가장 큰 매력입니다.

## 식물 관리법

**빛 |** 반양지

**온습도 |** 온도 18~28℃, 습도 50% 이상

습도는 50% 이상을 유지하는 것이 좋지만 건조에 비교적 강한 편입니다. 건조한 환경에서는 가습기나 분무기로 습도를 유지해 주세요.

**흙 |** 상토에 펄라이트, 바크 추가

**번식 |** 줄기 삽목

마디 사이가 짧은 편이라 줄기를 자를 때 눈자리가 잘리지 않도록 주의해야 합니다.

**관리 TIP |**

물은 겉흙이 마르면 흠뻑 주되, 과습은 피합니다. 잎과 줄기에서 끈적한 당액이 분비될 수 있는데, 이는 자연스러운 현상이지만 자국이 생길 수 있으므로 물을 줄 때 잎과 줄기까지 함께 씻어내는 것이 좋습니다. 잎이 여러 장 나오면서 점점 좌우로 벌어지며 자라는 특성이 있습니다. 자리 차지를 많이 하고 지저분해 보일 수 있으므로, 단정한 형태로 키우고 싶다면 지지대를 세워 주거나 줄기끼리 벨크로 타이로 묶어 주면 깔끔합니다.

# 필로덴드론 토텀

**학명:** Philodendron tortum **난이도:** 쉬움

흔히 볼 수 있는 둥글고 부드러운 느낌의 필로덴드론과는 전혀 다른 분위기를 가진 식물입니다. 얇고 길게 뻗은 잎이 칼날처럼 날카로운 실루엣을 만들어 냅니다. 특히 성장할수록 잎의 갈래가 더 뚜렷해지면서 마치 뼈다귀 같은 형태를 띠게 됩니다. 어린잎은 처음엔 말려 있다가 점차 펼쳐지는데, 이 과정에서 특유의 가느다란 모양이 도드라지며 독특한 분위기를 연출합니다. 같은 필로덴드론과 중 비슷하게 날카로운 잎을 가진 식물로는 폴리포디오이데스가 있습니다.

## 식물 관리법

**빛 |** 반양지

**온습도 |** 온도 18~28℃, 습도 50% 이상

습도는 50% 이상을 유지하는 것이 좋지만 건조에 비교적 강한 편입니다. 건조한 환경에서는 가습기나 분무기로 습도를 유지해 주세요.

**흙 |** 상토에 펄라이트, 바크 추가

**번식 |** 줄기 삽목

마디 사이가 짧은 편이라 줄기를 자를 때 눈자리가 잘리지 않도록 주의해야 합니다.

**관리 TIP |**

물은 겉흙이 마르면 흠뻑 주되, 과습은 피합니다. 잎과 줄기에서 끈적한 당액이 분비될 수 있는데, 이는 자연스러운 현상이지만 자국이 생길 수 있으므로 물을 줄 때 잎과 줄기까지 함께 씻어내는 것이 좋습니다.

▲ 필로덴드론 폴리포디오이데스

# 필로덴드론 플로리다뷰티 바리에가타

**학명:** Philodendron 'Florida Beauty Variegata' **난이도:** 쉬움

필로덴드론 플로리다뷰티는 마치 조각한 것처럼 갈라진 잎이 매력적이며, 성장할수록 잎 모양이 더 뚜렷해집니다. 덩굴식물이라서 지지대를 세워 주면 위로 길게 자라고, 늘어뜨려 키우면 자연스러운 형태로 흐르듯이 자라 취향에 맞게 다양한 연출이 가능합니다. 잎자루가 긴 편이고 좌우로 뻗어 자라는 특성이 있어 자리 차지를 많이 하는 식물이기도 합니다. 특히 무늬종인 필로덴드론 플로리다뷰티 바리에가타는 크림색과 연두색이 섞인 마블링이 잎에 퍼져 있어 더욱 아름답습니다. 빛을 잘 받으면 무늬가 더욱 선명하게 나타나며, 잎마다 다른 패턴이 나오는 것이 특징입니다.

## 식물 관리법

**빛 |** 반양지

강한 직사광선은 잎을 태울 수 있으므로 유리창을 투과한 빛이 적절합니다.

**온습도 |** 온도 18~28℃, 습도 50% 이상

습도는 50% 이상을 유지하는 것이 좋지만 건조에 비교적 강한 편입니다. 건조한 환경에서는 가습기나 분무기로 습도를 유지해 주세요.

**흙 |** 상토에 펄라이트, 바크 추가

**번식 |** 줄기 삽목

목질화된 줄기는 삽목 시 뿌리내리기까지 시간이 오래 걸릴 수 있습니다.

**관리 TIP |**

물은 겉흙이 마르면 흠뻑 주되, 과습은 피합니다. 잎과 줄기에서 끈적한 당액이 분비될 수 있는데, 이는 자연스러운 현상이지만 자국이 생길 수 있으므로 물을 줄 때 잎과 줄기까지 함께 씻어내는 것이 좋습니다.

chapter 4

# 잎의 색이 매력적인 식물

- 디스코레아 디스컬러
- 스트로만테 멀티컬러
- 초코리프
- 칼라디움 화이트퀸
- 필란투스 미라빌리스

# 디스코레아 디스컬러

**학명:** Dioscorea discolor　**난이도:** 쉬움

하트 모양 잎의 앞면은 은빛과 초록빛이 어우러진 패턴을 가지고 있고, 뒷면은 깊고 선명한 보랏빛을 띤 식물입니다. 자연광이 스며들 때마다 빛을 반사하는 잎이 마치 고풍스러운 벨벳 원단처럼 우아합니다. 덩굴식물이라 줄기가 길게 자라면서 공간을 아름답게 채워 줄 수 있어요. 이 식물의 또 다른 매력 포인트는 뿌리 부분입니다. 시간이 지나면 마치 작은 감자 같은 구근을 볼 수 있는데, 이는 수분과 영양분을 저장하는 역할을 합니다. 덕분에 한동안 물을 주지 않아도 버티는 힘이 강한 편이에요.

## 식물 관리법

**빛 |** 반양지

**온습도 |** 온도 20~30℃, 습도 40~60%(일반적인 실내 습도)

따뜻한 환경에서 잘 자랍니다. 일반적인 실내 습도에도 잘 적응하지만, 너무 건조하면 잎끝이 마를 수 있어 주기적으로 분무를 해 주면 좋습니다.

**흙 |** 상토에 펄라이트 추가(배수가 잘되는 흙)

**번식 |** 줄기 삽목, 구근 번식

**관리 TIP |**

겉흙이 마르면 물을 흠뻑 줍니다. 과습은 구근을 썩게 할 수 있으므로 유의합니다. 덩굴식물이므로 줄기가 길게 자라면서 주변을 감싸는 특성이 있습니다. 자연스럽게 늘어뜨려 키워도 멋스럽지만, 원형 지지대를 세워 줄기를 감아 올려 주면 더욱 풍성하고 정돈된 형태로 키울 수 있습니다. 창가 쪽으로 향하게 두면 햇빛을 향해 자라면서 아름다운 수형이 만들어집니다.

▲ 보랏빛의 잎 뒷면

# 스트로만테 멀티컬러

**학명:** Stromanthe sanguinea 'Triostar'　**난이도:** 약간 어려움

선명한 분홍색, 크림색, 초록색이 어우러진 잎의 색감이 아름다운 식물입니다. 잎 뒷면은 짙은 자줏빛을 띠며, 빛의 각도에 따라 다른 매력을 보여 줍니다. 하지만 아름다운 만큼 관리가 까다로운 편이라, 초보자보다는 습도 관리와 빛 조절에 익숙한 중급 이상의 가드너에게 추천하는 식물입니다. 특히 유묘는 습도 변화에 민감하므로 중품 이상의 건강한 개체를 선택하는 것이 좋습니다.

## 식물 관리법

**빛 |** 반양지

**온습도 |** 온도 20~26℃, 습도 60% 이상

따뜻한 환경을 좋아하며, 높은 습도에서 잎이 타지 않고 잘 자랍니다. 너무 건조한 환경에서는 잎끝이 마르거나 말리는 현상이 생기므로 가습기를 사용해 주는 것이 좋습니다.

**흙 |** 상토에 펄라이트 추가(배수가 잘되는 흙)

**번식 |** 뿌리 찢기

**관리 TIP |**

물은 겉흙이 마르면 흠뻑 줍니다. 오래된 잎은 자연스럽게 하엽이 지므로 깨끗한 가위로 정리해 주면 더욱 건강하게 자랍니다. 응애가 잘 생기는 편이므로 통풍에 신경 쓰고 주기적인 물 샤워로 예방하는 것이 좋습니다.

# 초코리프

**학명:** Euphorbia cotinifolia　**난이도:** 쉬움

초코리프는 실내에서도 키우기 쉬운 목본식물입니다. 빛을 잘 받으면 초콜릿색의 아름다운 잎을 보여 주고, 빛이 부족하면 초록색 잎이 되는데 그 역시 매력적이어서 사계절 다양한 색을 즐길 수 있습니다. 여름철에는 꽃이 피는데, 붓으로 수정해 주면 열매가 맺혀 씨앗까지 얻을 수 있습니다. 성장 속도가 매우 빠른 편이어서 가지치기를 통해 수형을 다듬는 재미가 있고, 번식도 잘되어 나눔을 하기에도 좋은 식물입니다.

## 식물 관리법

**빛 |** 양지, 반양지

실내에서는 가장 밝은 곳에 둡니다.

**온습도 |** 온도 18~30℃, 습도 40~60%(일반적인 실내 습도)

추위에 약해 최저 온도가 15℃ 이하로 내려가지 않도록 주의해야 합니다. 높은 습도를 좋아하지만, 일반적인 실내 습도에서도 무난하게 자랍니다.

**흙 |** 상토에 펄라이트 추가(배수가 잘되는 흙)

**번식 |** 줄기 삽목, 파종

줄기 삽목이 매우 쉬운 식물입니다. 어느 정도 목질화된 건강한 줄기를 10~15cm 정도 잘라 단면의 수액을 닦거나 말린 후, 물이나 흙에 삽목하면 높은 확률로 뿌리를 내립니다. 물에 삽목할 경우 1~2주 내에 뿌리가 나오며, 뿌리가 어느 정도 자라면 흙에 옮겨 심으면 됩니다. 줄기를 자를 때 수액이 나오므로 장갑을 착용하는 것이 좋습니다.

**관리 TIP |**

물은 겉흙이 마르면 흠뻑 주세요. 통풍이 잘되도록 관리하는 것이 중요합니다. 병충해에 기본적으로 강하지만 통풍이 부족하면 깍지벌레나 응애가 생길 수 있습니다. 성장기인 봄여름에는 알비료를 주면 더욱 건강하게 자랍니다. 가지치기를 해 주면 더욱 풍성하게 키울 수 있습니다. 성장이 빠른 속성수로, 가지치기 후

곁가지가 빠르게 나오기 때문에 다양한 수형을 만들기 좋습니다. 어느 정도 키운 후 생장점을 잘라 둥근 토피어리 수형을 만들거나 분재 철사를 감아 Y자 수형으로 키워도 좋습니다. 유묘부터 키우기 시작했다면 중심이 되는 목대가 굵어질 때까지는 지지대로 반듯하게 세워 주는 것이 좋습니다.

**1.**유묘 **2.**토피어리 수형 **3.**Y자 수형

# 칼라디움 화이트퀸

**학명:** Caladium 'White Queen' **난이도:** 약간 어려움

잎이 화려한 식물 하면 칼라디움을 빼놓을 수 없습니다. 칼라디움은 종류가 다양해 취향에 맞는 패턴과 색상을 선택할 수 있는 것이 큰 매력인데요. 그중에서도 칼리디움 화이트퀸은 반투명한 흰색 잎에 선명한 빨간색 잎맥이 마치 그림처럼 퍼져 있어 단번에 시선을 사로잡습니다.

## 식물 관리법

**빛 |** 반양지

충분한 빛을 받아야 웃자라지 않고 잎의 색도 예쁘게 나타납니다.

**온습도 |** 온도 22~30℃, 습도 60% 이상

온도가 15℃ 미만으로 내려가면 휴면기에 들어갈 수 있으니 잎을 오래 감상하고 싶다면 가을철에 온도를 조절해 주는 것이 좋습니다. 높은 습도에서 잘 자랍니다.

**흙 |** 상토에 펄라이트 추가(배수가 잘되는 흙)

**번식 |** 구근 번식

칼라디움은 구근식물이기 때문에 가을철이 되면 하엽이 지며 휴면에 들어갑니다. 이때 잎을 정리한 후, 구근을 수확해 신문지에 감싸 서늘한 곳에 보관했다가 봄에 심으면 싱그러운 새잎을 다시 볼 수 있습니다.

**관리 TIP |**

봄여름에는 겉흙이 마른 후 물을 흠뻑 주되 과습은 피합니다. 가을이 되면 잎이 점차 마르면서 휴면기에 들어가게 되는데, 이때는 물 주는 간격을 조금씩 늘리고 잎이 모두 말랐을 때 구근을 수확합니다. 무거운 잎 때문에 줄기가 벌어지거나 꺾이는 경우가 있으니 줄기끼리 모아 묶어 주거나 작은 지지대를 세워 주면 좋습니다.

# 필란투스 미라빌리스

**학명:** Phyllanthus mirabilis **난이도:** 보통

식집사들 사이에서는 '고구마'라는 귀여운 별명으로 불리는 식물입니다. 고구마를 닮은 통통한 괴근이 땅 위로 드러나는 독특한 형태 때문이지요. 괴근이 수분과 영양분을 저장해, 물을 자주 못 주어도 건강하게 자라는 믿음직한 식물입니다. 필란투스 미라빌리스의 가장 큰 매력은 잎의 색 변화입니다. 처음에는 여린 연둣빛을 띠지만 시간이 지날수록 짙은 초록색으로 변하며, 햇빛을 충분히 받으면 붉게 물드는 변화를 볼 수 있습니다. 또한 낮에는 잎을 활짝 펼치고 밤이 되면 스르르 접는 습성을 가지고 있어, 식물의 생체 리듬을 직접 눈으로 관찰하는 재미가 쏠쏠합니다.

## 식물 관리법

**빛 |** 반양지

**온습도 |** 온도 20~28℃, 습도 40~60%(일반적인 실내 습도)

**흙 |** 상토에 펄라이트, 산야초 추가(배수가 잘되는 흙)

**번식 |** 파종

파종으로 번식이 가능하지만 국내에서는 씨앗을 구하기가 어려운 편입니다.

**관리 TIP |**

과습에 민감한 식물입니다. 물은 속흙까지 완전히 말랐을 때 주고, 괴근이 무르지 않도록 물 주기 간격을 조절해 주세요. 너무 오랫동안 물을 주지 않으면 잎이 떨어질 수 있지만 괴근만 건강하다면 다시 새로운 잎을 내니 걱정하지 않아도 됩니다. 겨울철에 기온이 내려가면 잎을 모두 떨구고 동면에 들어가는 특성이 있습니다. 이 시기에는 물을 주지 말고 건조하게 쉬게 해 주세요. 봄이 되어 기온이 오르면 서서히 물을 주면서 깨워 주면 됩니다. 단, 실내가 따뜻하게 유지된다면 잎을 유지한 채로 동면 없이 지낼 수도 있어요. 환경에 유연하게 반응하는 식물이기 때문에, 계절 변화에 맞춰 관리해 주면 건강하게 자랄 수 있습니다.

chapter 5

# 풍성한 수형의 식물

- 무늬 보스턴 고사리
- 스파티필룸
- 칼라데아 오르비폴리아
- 필로덴드론 글로리오섬

# 무늬 보스턴 고사리

**학명:** Nephrolepis exaltata variegata **난이도:** 쉬움

보스턴 고사리는 실내에서 가장 흔하게 볼 수 있는 고사리 중 하나로, 그만큼 키우기 쉽고 예쁜 식물입니다. 풍성하게 늘어지는 잎이 공간을 자연스럽게 채워 주며, 마치 작은 정글을 옮겨 놓은 듯한 분위기를 연출할 수 있습니다. 그중에서도 무늬 보스턴 고사리는 자연스럽게 퍼진 연둣빛과 크림색의 무늬가 우아하면서도 신비로운 느낌을 주어 무늬를 감상하는 재미도 있어요. 잎이 자연스럽게 늘어지는 형태라서, 높은 곳에 걸어 두거나 선반 위에 올려놓아도 멋스럽습니다.

## 식물 관리법

**빛 |** 반양지, 반음지

반음지에서도 잘 자라지만 무늬가 약해질 수 있습니다.

**온습도 |** 온도 18~26℃, 습도 50% 이상

추위에 약해 겨울철 온도 관리에 주의해야 합니다. 습도는 50% 이상을 유지하는 것이 좋습니다. 건조한 환경에서는 가습기나 분무기로 습도를 유지해 주세요.

**흙 |** 상토에 피트모스, 펄라이트 추가(약산성 또는 중성, 배수가 잘되는 흙)

**번식 |** 뿌리 찢기, 러너 번식, 포자 번식

고사리류 특성상 포자 번식이 가능하지만 시간이 오래 걸리기 때문에 보통 뿌리 찢기로 번식합니다.

**관리 TIP |**

물을 매우 좋아하지만 과습은 피해야 하므로 통풍에 신경 쓰고, 배수가 잘되는 흙을 사용합니다. 물을 자주 주기가 어렵다면 저면관수로 키워도 좋습니다. 고사리는 러너를 통해 뿌리를 내리고 번식을 하는데, 러너가 너무 많이 나오면 지저분해 보일 수 있습니다. 어느 정도 풍성하게 키웠다면 주기적으로 러너를 정리하며 키우는 것이 좋습니다.

### ※ 다양한 종류의 고사리

고사리과 식물은 독성이 없어 반려동물이나 아이가 있는 가정에서도 안심하고 키울 수 있습니다. 공기 정화 능력이 뛰어나고, 주변 습도 조절에도 도움이 됩니다. 빛이 많이 필요하지 않고 병충해에 비교적 강한 편입니다. 그중 초보자가 키우기 쉬운 품종으로는 보스턴 고사리, 후마타 고사리, 코다타 고사리, 마초 고사리 등이 있습니다. 이 고사리들은 물 주기가 조금 늦어지더라도 쉽게 시들지 않고, 일반적인 실내 습도에서도 잘 자랍니다. 반면, 물을 좋아하는 고사리인 아디안툼은 습도와 물 관리에 예민한 편이라 조금 더 신경을 써 주어야 합니다.

**1.**코다타 고사리 **2.**마초 고사리 **3.**핑크 아디안툼

# 스파티필룸

**학명:** Spathiphyllum **난이도:** 쉬움

스파티필룸은 반음지에서도 잘 자라는 실내 식물로 대형 쇼핑몰이나 사무실, 로비 등에서 자주 볼 수 있습니다. 빛이 강하지 않아도 잘 자라는데다 NASA가 선정한 공기 정화 능력이 뛰어난 식물로 알려져 실내 식물로 사랑받고 있어요. 빛과 온습도가 적절하면 우아한 꽃을 피우기도 하는데, 사실 꽃처럼 보이는 흰색 부분은 잎이 변형된 '불염포(Spathe)'라는 구조입니다. 불염포는 꽃을 보호하고 곤충을 유인하는 역할을 합니다. 실제 꽃은 그 안쪽에 솟아오른 노란색의 '꽃차례(Spadix)'예요.

## 식물 관리법

**빛 |** 반양지, 반음지

**온습도 |** 온도 18~30℃, 습도 40~60%(일반적인 실내 습도)

**흙 |** 상토에 피트모스, 펄라이트 추가(약산성 또는 중성, 배수가 잘되는 흙)

**번식 |** 뿌리 찢기

**관리 TIP |**

물이 부족하면 잎이 축 처졌다가, 물을 주면 금세 다시 생기를 되찾아 초보자도 쉽게 관리할 수 있습니다. 하지만 너무 건조한 상태가 반복되면 잎끝이 갈색으로 마를 수 있으므로 겉흙이 마르면 물을 흠뻑 주는 것이 좋습니다.

▲ 불염포와 꽃차례

# 칼라데아 오르비폴리아

**학명:** Goeppertia orbifolia **난이도:** 약간 어려움

넓고 화려한 잎에 선명한 잎맥이 흐르는 칼라데아는 잎 하나하나가 예술 작품처럼 개성 있는 패턴을 지니고 있어 인테리어 효과가 뛰어난 식물입니다. 처음에는 새잎이 말려 나오다가 천천히 펼쳐지는 모습이 인상적입니다. 낮에는 잎을 활짝 펼치고 밤이 되면 살짝 오므라드는 기도 운동 덕분에 '기도하는 식물(Prayer plant)'이라는 별명으로도 불립니다. 독성이 없어 아이나 반려동물을 키우는 환경에서 안전한 식물이기도 합니다. 그중에서도 칼라데아 오르비폴리아는 둥글고 큰 잎이 사방으로 펼쳐져 풍성한 수형으로 자라나는 모습이 멋진 식물입니다.

## 식물 관리법

**빛 |** 반양지, 반음지

**온습도 |** 온도 18~26℃, 습도 60% 이상

**흙 |** 상토에 펄라이트 추가(배수가 잘되는 흙)

**번식 |** 뿌리 찢기

**관리 TIP |**

공중습도가 중요하므로 가습기를 사용하면 잎이 더 건강하게 자랍니다. 알뿌리가 발달해 건조에는 생각보다 강한 편입니다. 잎이 타들어 간다고 해서 바로 물을 주지 말고, 겉흙이 말랐는지 확인한 다음 물을 충분히 줍니다. 통풍이 부족하면 응애가 쉽게 발생할 수 있으므로 주기적인 물 샤워로 예방하는 것이 좋습니다. 오래되어 노랗게 변한 잎은 제거해 주면 성장이 원활해지고 통풍에도 도움이 됩니다.

### ※ 닮았지만 다른 식물, 칼라데아와 마란타

식물학적으로 칼라데아 속 식물들이 '고페르티아(Goeppertia)' 속으로 재분류되면서, 우리가 알고 있는 칼라데아는 대부분 고페르티아(Goeppertia)로 표기되는 것이 정확합니다. 많은 분들이 칼라데아와 마란타를 혼동하곤 하는데요. 두 식물 모두 기도 운동을 하고, 열대우림 출신으로 공중습도를 좋아한다는 공통점이 있지만 마란타는 칼라데아(현 고페르티아) 속이 아닌 마란타(Maranta) 속에 속하는 별개의 식물입니다. 마란타는 사람과 반려동물 모두에게 독성이 없으면서 칼라데아보다 덜 예민하고, 실내 환경에도 더 잘 적응하는 편이라 초보 가드너에게도 추천해요.

**1.**칼라데아 실버플레이트 **2.**왼쪽부터 칼라데아 루베시아나, 아마그리스, 그레이스타 **3.**마란타

NOGARDEN

# 필로덴드론 글로리오섬

**학명:** Philodendron gloriosum　**난이도:** 보통

필로덴드론 글로리오섬은 줄기가 흙 위로 기어서 자라는 '크리핑' 타입의 필로덴드론입니다. 하트 모양과 벨벳 질감의 잎이 인상적입니다. 깊고 부드러운 초록색 잎 위의 흰색 또는 연두색 잎맥이 대비를 만들어 내고, 빛에 따라 오묘한 분위기를 자아냅니다. 시간이 지날수록 잎은 점점 더 커지고 색이 짙어집니다. 성숙한 잎 몇 장만으로도 공간을 풍성하게 채워 주는 존재감 뚜렷한 식물입니다.

## 식물 관리법

**빛 |** 반양지

강한 직사광선은 잎을 태울 수 있으므로 유리창을 투과한 빛이 적절합니다.

**온습도 |** 온도 18~26℃, 습도 60% 이상

건조한 환경에서는 가습기나 분무기로 습도를 유지해 주세요.

**흙 |** 상토에 펄라이트, 바크 추가

**번식 |** 줄기 삽목

**관리 TIP |**

줄기가 옆으로 뻗어나가는 성질이 있어 넓고 낮은 화분이나 옆으로 긴 직사각형 화분이 가장 적합합니다. 응애가 잘 생기는 편이므로 통풍에 신경 쓰고 주기적인 물 샤워로 예방하는 것이 좋습니다. 물은 겉흙이 마른 후 흠뻑 주되, 과습은 피합니다. 잎과 줄기에서 끈적한 당액이 분비될 수 있는데, 이는 자연스러운 현상이지만 자국이 생길 수 있으므로 물을 줄 때 잎과 줄기까지 함께 씻어내는 것이 좋습니다. 잎이 여러 장 나오면서 점점 좌우로 벌어지며 자라는 특성이 있습니다. 단정한 형태로 키우고 싶다면 지지대를 세워 주거나 벨크로 타이로 줄기끼리 묶어 주면 깔끔하게 관리할 수 있습니다.

chapter 6

# 길게 늘어지는 수형의 식물

- 녹영
- 보라싸리
- 안스리움 비타리폴리움
- 엔젤 스킨답서스
- 원숭이꼬리 선인장

Bliss bowl

# 녹영

**학명:** Senecio rowleyanus **난이도:** 쉬움

줄기마다 초록색 완두콩 같은 동그란 잎이 주렁주렁 달려 있는 녹영은 덩굴성 다육식물로 '콩란'이라는 이름으로도 불립니다. 작고 통통한 구슬 모양의 잎이 늘어지는 모습이 독특하면서도 귀여워 한눈에 시선을 사로잡는 식물이에요. 특히 행잉 화분에서 흘러내리는 모습이 매력적이라 인테리어 식물로 인기가 높습니다. 모양이 예쁘고 관리도 쉬워 초보자에게도 부담 없는 다육식물 중 하나입니다.

## 식물 관리법

**빛 |** 반양지

빛이 부족하면 웃자라서 잎과 잎 사이의 간격이 멀어질 수 있습니다.

**온습도 |** 온도 18~26℃, 습도 40~60%(일반적인 실내 습도)

따뜻한 환경을 좋아합니다. 습도는 크게 신경 쓰지 않아도 되지만, 과습은 피해야 합니다.

**흙 |** 다육식물 전용 배합토(마사토나 난석 포함된 것)

**번식 |** 줄기 삽목

**관리 TIP |**

물은 속흙까지 마르면 충분히 줍니다. 특히 겨울철에는 생장이 둔해지므로 물을 아주 적게 주는 것이 좋습니다.

# 보라싸리

**학명:** *Hardenbergia violacea* **난이도:** 보통

보라싸리는 콩과에 속하는 상록성 덩굴식물로, 호주가 원산지입니다. 보라색, 흰색, 분홍색 등 다양한 색상의 꽃을 볼 수 있습니다. 흔히 늦겨울에서 봄철에 피어나는 보랏빛 꽃으로 주목받지만 사실 길게 늘어지는 초록색 잎만으로도 충분히 매력적인 식물입니다. 길고 가늘게 흐르는 듯한 잎이 바람이 불 때마다 살랑이며 가볍게 춤을 추듯 움직여, 화려한 꽃이 없어도 공간을 충분히 채우는 힘이 있습니다. 덩굴식물답게 자연스럽게 늘어지는 실루엣도 멋스럽습니다.

## 식물 관리법

**빛 |** 양지, 반양지

반양지에서도 키울 수 있지만 햇빛이 부족하면 꽃대가 잘 생기지 않습니다.

**온습도 |** 15~25℃, 습도 40~60%(일반적인 실내 습도)

추위에 강해 베란다 월동이 가능합니다. 일반적인 실내 습도에서도 잘 자라지만 너무 건조하면 잎끝이 마를 수 있어 가습기나 분무기로 습도를 유지해 주면 좋습니다.

**흙 |** 상토에 펄라이트 추가(배수가 잘되는 흙)

**번식 |** 파종, 줄기 삽목

**관리 TIP |**

겉흙이 마르면 물을 흠뻑 줍니다. 응애가 발생하기 쉬우므로 통풍에 신경 쓰고 주기적인 물 샤워로 예방하는 것이 좋습니다. 햇빛이 충분하고 밤낮 온도 차가 나는 베란다 창가에서 키우면 가을철부터 꽃대가 생기기 시작합니다. 베란다가 없다면 거실 창가처럼 최대한 온도 차를 줄 수 있는 환경에서 키우는 것이 좋습니다. 꽃대를 올릴 때는 꽃이 시들지 않도록 물 주는 시기를 더 자주 확인합니다. 여름철에 꽃이 진 후 가지치기를 해 주면 곁가지가 나와 더욱 풍성하게 키울 수 있으며, 다음 해에 꽃대도 더 많이 만들어 냅니다.

▲ 꽃이 핀 보라싸리

# 안스리움 비타리폴리움

**학명:** Anthurium vittariifolium **난이도:** 보통

안스리움 비타리폴리움은 길게 늘어지는 잎이 특징으로, '넥타이 안스리움'이라고도 불립니다. 녹색 리본처럼 흐르는 긴 잎은 시간이 지날수록 더 길고 우아하게 자라며 공간에 이국적인 분위기를 더해 줍니다. 처음에는 짧고 귀여운 잎을 내지만, 몇 년이 지나면 1미터 이상 길게 자라기도 합니다. 새잎이 나올 때마다 얼마나 자랄지 기대하게 되는, 키우는 재미가 있는 식물입니다. 원산지는 남아메리카의 열대우림으로, 자연에서는 나무에 착생해 자랍니다. 높은 선반 위나 행잉 화분에서 키우면 늘어진 잎이 돋보이며 실내에서도 정글 같은 느낌을 연출할 수 있습니다.

## 식물 관리법

**빛 |** 반양지

**온습도 |** 온도 18~26℃, 습도 60% 이상

습도가 높으면 좋지만, 유묘가 아니라면 일반적인 실내 습도에서도 잘 자랍니다. 건조한 실내에서는 가습기나 분무기로 습도를 유지하면 좋습니다.

**흙 |** 상토에 바크 또는 난석 추가

자생지에서는 나무나 바위 등에 착생해서 자라기 때문에 바크나 난석을 섞어 주면 좋습니다.

**번식 |** 줄기 삽목 또는 파종

파종은 시간이 오래 걸려 삽목을 추천합니다. 마디가 촘촘하기 때문에 줄기를 자를 때 조금 더 신경 써야 합니다. 목대에 수태를 두르는 '수태 목도리'로 뿌리를 내리게 한 다음에 마디 사이를 잘라 단면을 말리고 흙에 심는 것이 안전합니다.

**관리 TIP |**

공중습도가 높은 환경을 좋아하지만, 과습에는 취약합니다. 우동처럼 통통한 뿌리가 있어 물이 많으면 쉽게 무를 수 있으므로 흙 배합에 신경 쓰고 물 주기를 조절하는 것이 중요합니다. 또한 잎이 길게 자라면서 무거워지면 화분이 쓰러지거나 선반에서 떨어질 위험이 있습니다. 이를 방지하려면 무게감 있는 화분에 심고, 가벼운 플라스틱 화분에 심었다면 무거운 화분 속에 넣어서 키우는 것이 좋습니다.

### ※ 비슷한 매력의 안스리움들

안스리움 비타리폴리움처럼 길쭉하고 늘어지는 잎이 취향이라면, 같은 안스리움 중 팔라디프로럼, 웬들링게리도 추천합니다. 비슷하게 생겼지만 잎의 두께와 질감이 조금씩 달라 또 다른 매력이 있어요.

▲왼쪽부터 안스리움 팔라디프로럼, 웬들링게리, 비타리폴리움

# 엔젤 스킨답서스

**학명:** Scindapsus pictus 'exotica' **난이도:** 쉬움

스킨답서스는 실내에서 가장 흔하게 키우는 식물 중 하나지만, 그중에서도 엔젤 스킨답서스는 조금 특별한 매력을 가지고 있습니다. 일반적인 스킨답서스보다 잎이 크고 두꺼우며, 벨벳 같은 부드러운 질감이 특징입니다. 또한, 잎의 표면에 은은하게 퍼져 있는 은빛 패턴은 마치 빛을 머금은 듯한 신비로운 분위기를 냅니다. 길게 늘어지는 줄기와 풍성한 잎의 형태 덕분에 행잉 식물로 키우기도 좋고, 선반 위나 벽면에 걸쳐 배치하면 자연스럽게 흐르는 듯한 연출이 가능합니다.

## 식물 관리법

**빛 |** 반양지, 반음지

**온습도 |** 온도 18~26℃, 습도 40~60%(일반적인 실내 습도)
습도는 높은 편이 좋지만, 일반적인 실내 습도에서도 잘 자랍니다.

**흙 |** 상토에 펄라이트나 바크 추가

**번식 |** 줄기 삽목
컵에 물을 받아 줄기를 담가 두기만 해도 쉽게 뿌리가 나옵니다. 뿌리 내린 삽수를 기존 화분에 함께 심으면 훨씬 더 풍성한 식물로 키울 수 있습니다.

**관리 TIP |**
건조에 강한 편이라 초보 식집사에게도 부담 없는 식물입니다. 물은 속흙까지 마르면 충분히 주되, 과습은 피합니다.

# 원숭이꼬리 선인장

**학명:** Cleistocactus colademononis  **난이도:** 쉬움

이름처럼 원숭이의 꼬리를 닮은 독특한 외모 덕분에 실내 가드닝에서 특히 인기가 많은 행잉 선인장입니다. 줄기는 하얀 털 같은 부드러운 가시로 덮여 있어 일반 선인장보다 부드럽습니다. 시간이 지날수록 줄기가 점점 더 길어져 2m 이상으로 자라는 경우도 있습니다. 밝은 햇빛 아래에서는 은은하게 반짝이며, 봄이 되면 강렬한 붉은 꽃을 피우기도 합니다. 줄기의 형태와 질감, 계절에 따라 나타나는 꽃까지 관찰하는 재미가 많은 식물이에요.

## 식물 관리법

**빛 |** 양지, 반양지

원숭이꼬리 선인장을 통통하고 보송보송한 모습으로 키우려면 충분한 햇빛이 필수입니다. 밝은 창가에 걸어 두면 자연스럽게 늘어지며 예쁘게 자라는 모습을 볼 수 있어요. 해를 따라 줄기가 조금씩 휘어지는 특성이 있어, 주기적으로 화분을 돌려 주면 균형 잡힌 형태로 더욱 멋지게 자랍니다.

**온습도 |** 온도 18~30℃, 습도 40~60%(일반적인 실내 습도)

따뜻한 환경에서 잘 자랍니다. 습도는 크게 신경 쓰지 않아도 되지만, 너무 건조한 환경에서는 가시 끝이 마를 수 있으니 가끔 분무해 주는 것이 좋습니다.

**흙 |** 상토에 펄라이트 또는 마사토 추가(배수가 잘되는 흙)

**번식 |** 줄기 삽목

**관리 TIP |**

속흙까지 완전히 마르면 물을 주는 것이 가장 중요합니다. 특히 겨울철에는 물 주기를 더욱 줄여야 뿌리 썩음을 방지할 수 있습니다.

PART 3.

# 집의 분위기를 만드는 플랜테리어

chapter 1

# 플랜테리어 시작하기

실내 공간의 인테리어를 식물로 완성하는 플랜테리어는 집 안에 자연을 더하는 한 가지 방법입니다. 식물의 잎 모양, 크기, 자라는 방향 등을 살펴보고 배치하면 공간은 훨씬 조화롭게 변화합니다. 여기에 작은 소품이나 선반을 추가하면 식물의 매력이 더 잘 드러나게 됩니다. 플랜테리어에는 정답이 없습니다. 집마다 구조도 다르고, 식물 종류와 키우는 사람의 취향도 모두 다르기 때문입니다. 일단 해 보고 마음에 들지 않으면 다시 바꿔 보며 집과 식물이 서로 잘 맞는 자리를 찾아가는 과정 자체가 하나의 즐거움이 됩니다. 하나씩 시도하면서 나만의 플랜테리어를 찾아가 보세요.

# 플랜테리어 기본 팁 3가지

플랜테리어를 시작하면서 식물을 어떻게 배치해야 할지 모르겠다면 우선 다음의 기본 팁 세 가지를 따라해 보세요. 이것만 지켜도 훨씬 깔끔하고 정돈된 모습으로 키울 수 있습니다.

**(1) 비슷한 특성을 가진 식물끼리 모아 키우기**

비슷한 특성을 가진 식물끼리 모아 키우면 관리가 훨씬 수월할 뿐만 아니라, 잎의 생김새나 성장 패턴이 자연스럽게 어우러져 공간이 편안하고 조화롭게 느껴집니다. 높은 공중습도를 좋아하는 고사리류는 고사리류끼리, 약간 건조한 환경을 좋아하는 다육식물은 다육식물끼리 모아 두는 식으로 키워 보세요.

**(2) 화분의 색이나 소재 통일하기**

화분 하나하나에 다양하게 포인트를 주고 싶을 수 있지만, 초보 가드너라면 오히려 색이나 소재를 통일하는 쪽이 더 안전합니다. 똑같이 흰색 화분만 두거나 테라코타 재질의 화분만 두는 식으로 통일성을 주면 각각의 식물은 돋보이면서도 전체 공간은 깔끔하고 세련된 인상을 줍니다. 특히 공간이 좁을수록 화분을 통일하면 공간이 더 넓어 보이는 효과도 있습니다. 약간의 변화를 주고 싶다면 화분 색과 소재의 톤은 어느 정도 통일하고 높이, 입구 모양 등 형태가 조금씩 다른 화분들을 섞어서 배치해 보세요.

**(3) 식물의 크기와 높낮이 활용하기**

식물을 배치할 때는 가장 크고 무게감 있는 것부터 먼저 자리를 잡는 것이 좋습니다. 큰 식물이 중심을 잡아 주면 그 주변에 작은 식물들을 자연스럽게 배치하면서 전체적인 균형을 맞춥니다. 예를 들어 몬스테라나 여인초처럼 키가 크고 잎이 풍성한 식물을 벽 쪽이나 코너에 배치하고, 그 아래쪽에는 상대적으로 작은 포인트 식물을 놓으면 리듬감이 생깁니다.

선반에 식물을 배치할 때도 크기와 수형이 다양한 식물을 적절히 섞어 주면 더욱 자연스러운 분위기를 낼 수 있습니다. 저는 선반 위쪽에는 길게 늘어지는 덩굴식물을 두고, 아래쪽에는 보스턴 고사리처럼 풍성하게 자라는 식물을 두어 선반을 적절히 채워 주고 있어요. 만약 크기가 비슷한 식물만 가지고 있다면 일부는 화분 받침대 위에 올리거나 사용하지 않는 화분을 뒤집은 다음 그 위에 올려서 높낮이 차이를 만들어 주어도 좋습니다. 그리고 공간의 일부는 비워 두세요. 적당한 여백이 있어야 각 식물의 존재감이 더 돋보이고 전체적으로 답답해 보이지 않습니다.

**1.**호야끼리 모아 키우기 **2.**회색 토분으로 통일 **3.**선반에 다양한 크기와 수형의 식물 배치

# 덩굴식물 활용하기

덩굴식물은 길게 뻗어나가는 독특한 생장 습성 덕분에 플랜테리어에서 빼놓을 수 없는 식물입니다. 길게 늘어뜨려 키우거나, 벽을 타고 자연스럽게 자라게 하거나, 거울이나 가구의 프레임을 둘러싸게 키워 장식하는 등 다양한 방식으로 활용할 수 있습니다. 특히 실내에서도 잘 자라고 매력적인 잎사귀를 가진 스킨답서스, 필로덴드론 옥시카르디움, 히메 몬스테라 등은 플랜테리어에 적합한 대표적인 덩굴식물입니다.

▲ 필로덴드론 옥시카르디움

덩굴식물을 길게 키우고 싶을 때는 지지대를 세울 수도 있지만, 실내 공간에서는 수태봉이나 코코봉 같은 지지대가 다소 투박해 보일 수 있습니다. 이럴 땐 벽을 지지대로 삼아 보는 것도 좋은 방법입니다. 특히 기근이 벽에 달라붙어도 쉽게 제거할 수 있고 표면이 깔끔하게 유지되는 아트월이나 시트지로 마감된 벽은 덩굴식물을 붙여 키우기에 아주 적합합니다. 일반 벽지만 있는 공간이라면 기근이 덜 발달하는 마다가스카르재스민, 시계초, 아리스톨로키아 레우코네우라 등을 선택하면 벽면 손상을 줄일 수 있습니다. 줄기가 아직 유연할 때 손으로 살짝 휘어서 굴곡을 만들어 주면 단조로운 일자형보다 훨씬 자연스럽고, 식물의 키도 더 크게 키우면서 벽 전체를 풍성하게 채울 수 있습니다.

벽면 손상이 걱정된다면 전신 거울이나 가벽(파티션)을 지지대로 활용해 보세요. 전신 거울에 덩굴식물을 붙여 키우면 자연스럽게 거울을 감싸고 자라며 멋진 식물 프레임이 연출됩니다. 식물의 잎과 줄기는 빛을 따라서 자라므로, 빛이 들어오는 방향으로 줄기가 향하도록 유도하면 좋습니다. 예를 들어, 거울의 오른쪽에 창문이 있다면 화분은 거울의 왼편에 두어 줄기가 창문 쪽으로 뻗어나가도록 배치해 보세요. 창가가 아니라면 원하는 방향으로 식물등을 설치해도 좋습니다.

잎으로 가려지는 줄기 부분에 투명 테이프를 붙여서 거울에 고정하면 테이프가 눈에 띄지 않아 깔끔합니다. 단, 거울 뒤쪽이 일반 벽지로 되어 있다면 식물의 줄기를 꼭 거울 앞쪽에 고정해야 합니다. 덩굴식물의 기근은 벽지에 달라붙는 성질이 있어, 특히 습한 장마철에는 벽지에 강하게 뿌리를 내려 벽지가 손상될 수  있습니다.

가벽은 공간을 분리하거나 포인트를 주는 인테리어 제품입니다. 덩굴식물이 가벽 위로 타고 오르게 하면 자연스러운 그린 인테리어를 연출할 수 있습니다. 가벽에 투명 테이프로 덩굴식물을 고정시키거나, 고리를 걸 수 있는 제품이라면 덩굴식물이나 행잉 화분을 걸 수도 있습니다. 덩굴식물이 어느 정도 길어지면 작은 장식도 추가할 수 있습니다. 크리스마스처럼 특별한 시기에는 리본이나 소형 전구를 달아 색다른 분위기를 연출해도 좋습니다.

**1.**굴곡을 주어 아트월에 키운 히메 몬스테라 **2.**일반 벽지에 키운 마다가스카르재스민
**3.**거울에 붙여 키운 엔젤 스킨답서스 **4.**가벽에 키워 장식한 엔젤 스킨답서스

덩굴식물을 활용한 플랜테리어의 가장 어려운 점은 병충해 관리입니다. 덩굴식물을 벽, 가벽, 거울 등에 고정해 키우면 일반적인 화분처럼 주기적으로 욕실이나 베란다로 옮겨 물 샤워를 해 주기 어렵습니다. 따라서 벽 플랜테리어에는 병충해에 강한 식물을 선택하는 것이 중요합니다. 대표적으로 스킨답서스는 내병성이 강하고 실내 환경에서도 튼튼하게 자라 초보자에게도 부담이 적은 식물입니다. 잎이 두껍고 단단해 해충이 쉽게 자리 잡기 어렵고, 공중습도 변화에도 비교적 잘 견디는 편입니다. 또한 젖은 행주나 마른 천으로 잎을 주기적으로 가볍게 닦아 주면 병충해 예방에 도움이 됩니다.

# 가구와 소품 활용하기

## 식물 선반 활용하기

식물 배치는 단지 미적인 요소뿐만 아니라 식물의 건강과 성장에도 중요한 영향을 미칩니다. 선반을 잘 활용해서 배치하면 한정된 실내 공간을 효율적으로 활용하면서 채광과 통풍을 최적화할 수 있습니다. 창가에 식물 선반을 두면 식물이 자연광을 골고루 받을 수 있고, 선반에 여백을 두고 식물을 배치하면 공기 순환이 잘됩니다. 또한 선반의 소재와 형태에 따라 공간의 분위기가 달라지므로 우리 집의 인테리어 스타일과 식물의 특성, 나의 취향을 고려해 적절한 선반을 고르는 것도 중요합니다.

### 식물 선반을 고르는 팁

**(1) 식물의 크기와 개수 고려하기**

선반의 크기를 결정할 때는 현재 키우고 있는 식물, 앞으로 들일 식물의 크기와 개수를 고려해야 합니다. 소량의 작은 식물 위주라면 좁은 선반도 괜찮지만, 큰 식물이나 여러 개의 식물을 배치할 계획이라면 넉넉한 폭과 높이를 가진 선반을 선택하는 것이 좋습니다. 선반 간격 조절이 가능한 선반이나 한 단씩 쌓아서 사용하는 적층형 선반은 식물이 성장함에 따라 높이를 조정할 수 있어 활용도가 높습니다.

**(2) 선반의 통기성 고려하기**

선반의 뒤와 옆이 뚫려 있는 개방형 구조의 선반을 사용하면 공기 순환이 원활합니다. 특히 실내 습도가 높은 편이라면 개방형 구조를 선택하는 것이 좋습니다.

### (3) 물에 강한 소재 선택하기

물을 자주 주어야 하는 식물을 많이 키운다면 선반이 물에 닿아도 잘 변형되지 않는 소재인지 확인합니다. 원목 선반은 곰팡이와 균열을 방지할 수 있도록 코팅 및 방수 처리가 되어 있는지 확인하고, 처리가 되어 있지 않다면 우드 스테인을 칠해 보완하는 것이 좋습니다. 철제 선반은 녹이 잘 슬지 않는 제품을 선택하는 것이 좋습니다.

### (4) 내구성 확인하기

무거운 식물이나 여러 개의 식물을 올려 둘 예정이라면 무게를 많이 지탱할 수 있는지, 휘어짐이나 흔들림 없이 안정적인지 등 선반의 내구성도 확인해야 합니다. 특히 적층형 선반은 구조상 다소 불안정한 편이므로, 가벼운 소형 식물 위주로 배치하거나 벽면에 고정해 안정성을 높이는 것이 좋습니다.

**1.**높이 조절이 가능한 대형 선반(소프시스 위더스 모비 선반) **2.**적층형 원목 선반 **3.**철제 선반(이케아 레르베리) **4.**우드스테인을 칠한 원목 사다리 선반

트롤리는 바퀴가 달려 있어 이동이 간편하고, 공간 활용도가 높습니다. 특히 창문으로 들어오는 해를 따라 움직이며 식물들에게 최적의 햇빛을 제공할 수 있다는 점이 가장 큰 장점입니다. 또한 트롤리의 각 층에 작은 화분과 가드닝 도구를 종류별로 정리해 두고 사용하면 편리합니다.

소량의 식물을 배치할 때는 화분 스탠드나 스툴을 사용해도 좋습니다. 화분 수납 공간이 깊은 화분 스탠드를 선택하면 보기 싫은 플라스틱 포트나 각기 다른 화분들이 만들어 내는 산만한 느낌을 자연스럽게 감춰 깔끔합니다. 스툴은 화분 받침대뿐 아니라 보조 의자, 보조 테이블 등 다용도로 사용할 수 있습니다.

벽에 선반을 고정할 수 있다면 벽 공간을 활용할 수 있는 벽 선반을 추천합니다. 벽에 고정해서 설치하는 대형 벽 선반은 무거운 화분도 안정적으로 지탱할 수 있습니다. 설치가 부담스럽다면 작고 견고한 소형 벽 선반도 좋습니다. 벽 선반에는 식물의 잎이 자연스럽게 흘러내리도록 배치하면 공간에 생기를 더하고 풍성한 느낌을 연출할 수 있습니다. 식물만 놓아도 멋지지만 예쁜 화병이나 캔들, 책, 세라믹 오브제 등을 함께 배치하면 더욱 감각적인 플랜테리어가 완성됩니다.

**1.**트롤리 **2.**수납 공간이 깊은 화분 스탠드 **3.**왼쪽: 화분 스탠드(이케아 닥슈스) / 오른쪽: 스툴(라익디스 데일리 스툴)
**4.**대형 벽 선반(레어로우 시스템 선반) **5.**소형 벽 선반(스트링 포켓 선반)

## 소품 활용하기

식물과 잘 어울리는 다양한 소품을 활용하면 플랜테리어의 완성도를 높일 수 있습니다. 꼭꼬핀으로 간편하게 고정할 수 있는 소형 우드 선반에는 작은 화분이나 캔들을 올려두기 좋습니다. 다이소에서 구입할 수 있는 네트망은 소형 난초나 행잉 식물을 여러 개 걸어 공간을 활용할 수 있고, 여러 개의 식물을 한 번에 옮길 수 있어 물 주기도 편리합니다. 벽이나 선반에 네트망을 고정하면 독특하고 아름다운 플랜트 월 연출이 가능합니다.

화분이나 화병으로도 다양하게 공간을 연출할 수 있습니다. 예쁜 디자인 화분과 화병은 식물이 없어도 오브제처럼 활용할 수 있으며, 다양한 소재와 디자인을 선택해 공간에 개성을 더할 수 있습니다. 벽걸이 화병에는 삽수나 잘라낸 가지를 꽂아 벽에 포인트를 줄 수 있습니다. 계절에 따라 다른 소재의 꽃을 꽂아 꾸미거나, 벽 전체를 작은 화병으로 장식해 미니 정원 느낌을 낼 수도 있습니다.

**1.**소형 우드 선반 **2.**네트망에 건 난초들 **3.**디자인 화분 **4.**디자인 화병 **5.**벽걸이 화병

식물이 많지 않은 공간에서도 식물이 그려진 포스터, 액자 등을 활용하면 자연이 가득한 느낌을 줄 수 있습니다. 익시 월아트는 여러 개의 얇은 그림을 이어 붙여 하나의 큰 액자처럼 보이게 할 수 있는 조립식 월아트로, 벽을 손상시키지 않고도 손쉽게 설치할 수 있는 것이 장점입니다. 식물이 그려진 포스터를 여러 개 붙여 갤러리 월을 연출해도 좋습니다.

햇빛이 잘 드는 창가 근처에는 빛을 분산하는 선캐처를 걸어 두면 식물과 함께 빛의 그림자를 감상할 수 있습니다. 귀여운 노란색 카나리아 모양의 환기 알리미인 버디 공기질 측정기는 실내 이산화탄소 수치를 감지해, 적절한 환기 타이밍을 알려줍니다. 초록빛 식물 사이에 자연스럽게 어우러지면서도 공간의 포인트가 되어 주는 실용적인 소품입니다.

키우고 있는 식물을 기록하고 싶다면 압화판을 사용해 보세요. 식물의 잎이나 꽃을 눌러 말려서 오래 보관할 수 있습니다. 예쁘게 말린 압화는 엽서, 책갈피, 액자 등 다양한 소품으로 활용할 수 있습니다.

**1.**조립식 월아트(익시 월아트) **2.**식물 포스터 **3.**선캐처 **4.**환기 알리미(버디 공기질 측정기) **5.**압화판(오티에이치콤마 압화 도구)

chapter 2

# 공간별 플랜테리어

집 안의 모든 공간은 저마다의 성격을 가지고 있습니다. 빛이 들어오는 양도 다르고, 머무르는 시간과 사용하는 방식도 모두 달라 식물을 고르고 두는 기준 역시 자연스럽게 달라집니다. 거실처럼 넓고 오래 머무는 곳은 존재감 있는 식물이 잘 어울리고, 햇빛이 비교적 제한적인 서재는 은은한 간접광에서도 잘 자라는 식물이 어울리듯이요. 식물을 둘 공간의 성격과 식물의 생육 조건, 나의 생활 패턴을 함께 고려하는 것이 좋습니다.

# 거실

거실은 집 안에서 가장 넓고 개방적인 공간으로, 집 전체의 분위기를 좌우합니다. 가족이 함께 시간을 보내거나 손님을 맞이하고 때로는 조용한 휴식을 즐기는 장소이기도 하지요. 거실에 식물을 들이면 공간이 한층 부드러워지고, 생기가 감돌게 됩니다. 특히 거실은 창이 크고 자연광이 잘 들어오는 구조가 많아 식물이 건강하게 자라기에도 적합한 환경입니다.

거실 플랜테리어를 계획할 때는 행잉 식물과 대형 식물을 적절히 조합하면 공간에 입체감이 살아납니다. 높이 단 행잉 식물은 시선을 자연스럽게 위로 이끌어 주고 공간 활용도를 높이며, 대형 식물은 거실의 포인트 역할을 합니다. 공기 정화 기능이 있는 식물을 선택하면 실내 환경을 보다 쾌적하게 유지하는 데에도 도움이 됩니다.

## 행잉 식물 활용하기

공중에 걸어서 키우는 행잉 식물은 바닥이나 선반의 공간을 차지하지 않으면서도 거실을 더욱 풍성하고 생기 있게 만들어 줍니다. 식물이 성장하면서 크기가 커져도 자리가 부족해질 걱정이 없고, 특히 창가에 걸어 두면 햇빛을 충분히 받을 수 있어 건강하게 자랄 수 있습니다.

창가에 걸어 둔 행잉 식물은 빛의 방향에 따라 주기적으로 회전시켜 고르게 성장할 수 있도록 해야 합니다. 또한 높은 위치에 화분을 걸어 두면 흙의 상태를 확인하기 어렵고 물 주기가 번거로울 수 있으므로 건조에 비교적 강한 식물을 선택하는 것이 좋습니다. 행잉 식물에는 안전을 위해 가벼운 플라스틱 화분을 사용하는 것이 좋고, 토분과 같은 무거운 화분을 걸 경우 마크라메나 철사처럼 견고한 구조물을 사용해야 합니다. 흔히 사용하는 플라스틱 슬릿 화분은 행잉 화분 고리와 연결할 수 있어 간편합니다. 행잉 화분 고리와 연결할 수 없는 화분이라면 분재 철사, 노끈, 가죽끈 등으로 매듭을 지어 연결할 수 있습니다.

거실 창에 커튼이 설치되어 있다면 커튼 봉이나 커튼 레일에 식물을 거는 것이 가장 간편한 방법입니다. 또는 천장이나 벽에 후크 고리를 설치해 식물을 걸 수도 있습니다. 단, 후크 고리를 설치할 때는 설치할 곳의 재질과 내구성을 꼭 확인해야 합니다.

**1.**마크라메에 건 석송 고어베리 **2.**행잉 고리에 건 디시디아 화이트 **3.**커튼 레일에 분재 철사 연결 **4.** 길이 조절이 가능한 천장 후크 와이어 고리 **5.**행잉 스탠드

천장이나 벽에 구멍을 뚫기 어려운 경우에는 행잉 스탠드를 사용할 수 있습니다. 옷걸이처럼 화분을 간편하게 걸거나 통 안에 화분을 넣을 수 있고, 이동이 자유로워 공간 분위기에 따라 배치를 바꾸기도 수월합니다.

## 추천 행잉 식물

### • 디시디아

▲ 디시디아 화이트

줄기와 잎이 길게 늘어져 행잉으로 키우기 적합하며, 생명력이 매우 강해 관리가 쉬운 식물입니다. 잎이 두꺼워 건조에 강하고 과습에 취약합니다.

물이 부족하면 잎이 쪼글쪼글해지므로 이를 기준으로 물을 줘도 괜찮습니다. 보통 코코넛이나 나무에 심긴 상태로 판매되는데, 그대로 키우면 영양분이 부족하고 물을 자주 줘야 하는 불편함이 있으니 뿌리를 물에 불려 살살 떼어낸 후 배수가 잘되는 흙에 심는 것이 좋습니다.

### • 립살리스

선인장과 다육식물로, 해를 좋아하고 건조에도 강한 편이라 행잉으로 키우기에 적합합니다. 여러 줄기가 자유롭게 흐르듯 자라기 때문에 풍성한 느낌을 원할 때 추천하는 식물입니다. 다양한 품종이 있어 취향에 맞게 고를 수 있고, 관리도 비교적 쉬워 초보자에게도 적합합니다.

립살리스는 일반적인 선인장과는 달리 직사광선보다는 부드러운 간접광을 더 좋아하고, 건조한 환경에서도 잘 버티지만 공중습도를 좋아하므로 가끔 잎에 분무를 해 주면 더욱 건강하게 자랍니다. 2년 이상 잘 키우면 봄 또는 여름철에 꽃을 피우는 경우도 있습니다.

▲ 립살리스 필리핀

• **박쥐란**

▲ 박쥐란 알시콘

독특한 잎 모양으로 시선을 사로잡는 박쥐란은 나무에 붙어 자라는 착생식물입니다. 실내에서는 주로 유목이나 나무판, 해고판 등에 부착해 행잉으로 키우는 편이에요.

밝은 곳을 좋아하지만 창가에 너무 가까이 붙이면 잎이 탈 수 있으니 조금 떨어뜨려 걸어 두는 것이 좋습니다. 사슴뿔을 닮은 잎이 생식잎이고 유목을 감싸며 자라는 둥근 모양의 잎은 영양엽입니다. 뿌리 쪽을 감싸고 있는 수태가 마르면 물을 주면 되는데, 수태가 충분히 젖을 수 있도록 30분 정도 담가 두었다 꺼내는 것이 좋습니다. 박쥐란을 처음 키운다면 대중적이고 키우기 쉬운 비푸카텀이나 알시콘을 추천합니다.

**TIP!**

**나무 도마 활용하기**

박쥐란을 부착할 적당한 유목이나 나무판을 구하기 어려운 경우, 다이소에서 쉽게 구할 수 있는 나무 도마를 활용하는 것도 좋은 방법입니다. 부착할 나무 도마는 적당한 코팅 마감이 되어 있어야 물에 닿아도 쉽게 부식되거나 곰팡이가 생기지 않습니다. 너무 매끈한 유광 코팅보다는 살짝 거친 무광 코팅이 된 제품이 뿌리가 활착하기 좋고, 시간이 지나면서 휘거나 부서지지 않도록 적당히 두껍고 튼튼한 것을 선택해야 합니다. 벽에 걸어 키우려면 구멍이 뚫려 있는 제품이 편리하며, 구멍이 없는 경우에는 드릴이나 송곳으로 만들면 됩니다.

▲ 나무 도마에 부착한 박쥐란 리들리

## 대형 식물 활용하기

집에서 가장 넓은 공간을 활용할 수 있는 거실은 대형 식물을 키우기에 최적의 장소입니다. 대형 식물은 존재감이 강해 거실의 분위기를 크게 좌우합니다. 잘 배치된 대형 식물 하나만으로도 인테리어의 완성도가 높아집니다. 창가나 소파 옆, 코너 공간 등에 배치하면 집 안에 싱그러운 자연의 분위기를 더해 줍니다.

대형 식물은 시각적으로 공간을 채워 줄 뿐만 아니라 실내 공기를 정화하고 습도를 조절하는 실용적인 기능도 제공합니다. 특히 대형 관엽식물들은 공기 중의 유해 물질을 흡수하고 산소를 방출하는 능력이 뛰어납니다.

### 대형 식물을 키우는 팁

대형 식물을 키울 때는 관리의 편의성을 고려해야 합니다. 식물과 흙 자체가 무거운 편이므로 가벼우면서도 튼튼한 플라스틱 화분을 사용하면 이동이 훨씬 수월합니다. 또한 바퀴가 달린 화분 받침을 사용하거나 화분 받침에 바닥과의 마찰을 줄여 주는 화분 슬라이더를 부착하면 계절이나 인테리어 변화에 따라 식물의 배치를 쉽게 조정할 수 있고, 청소할 때도 부담 없이 옮길 수 있습니다.

또한 대형 식물은 화분이 크기 때문에 흙이 마르는 시간이 길어지므로, 물 주기와 배수를 신경 쓰는 것이 좋습니다. 물을 너무 자주 주면 뿌리가 썩을 위험이 있으므로, 흙 표면이 완전히 말랐을 때 흠뻑 주어야 합니다. 흙에 펄라이트, 바크, 마사토 등을 섞어 주면 배수력이 높아지고 뿌리가 썩는 것을 방지할 수 있습니다. 몬스테라, 여인초 같은 대형 열대 관엽식물은 높은 공중습도를 좋아하므로 주기적으로 분무를 해 주면 좋습니다.

## 추천 대형 식물

### • 여인초

넓게 퍼지는 커다란 잎이 매력적인 여인초는 거실을 풍성하게 채워 주는 대표적인 대형 식물입니다. 특별한 관리 없이도 건강하게 자라는 강한 생명력을 가지고 있습니다.

우동처럼 굵고 탄탄한 뿌리를 가지고 있어 건조한 환경에도 비교적 잘 견디는 편이므로 흙이 충분히 마른 후에 물을 줍니다. 밝은 간접광을 받는 곳에서 키우면 잎이 더욱 싱그럽고 건강하게 자랍니다. 신엽이 나올 때는 잎이 돌돌 말려 있다가 점차 펼쳐지는데, 이 과정에서 공중습도가 너무 낮으면 잎이 찢어질 가능성이 있으니 정기적으로 분무를 해 줍니다. 가끔씩 잎을 젖은 천으로 닦아 주면 기공이 열려 건강한 성장에 도움이 됩니다. 줄기가 벌어지거나 꺾이는 경우 밸크로 타이로 묶어 주면 단정한 형태로 관리할 수 있습니다.

### • 아라우카리아

크리스마스 트리로 많이 활용되는 대표적인 침엽수이지만, 실내에서도 비교적 쉽게 키울 수 있는 식물입니다. 사계절 내내 푸른 잎을 유지하며 하엽이 잘 생기지 않아 관리가 쉬운 편입니다. 잎은 만지면 따끔할 것 같지만, 실제로는 꽤 부드러운 촉감을 가지고 있어 의외의 반전 매력을 지닌 식물입니다. 거실 한편에 두면 계절에 상관없이 생기 넘치는 분위기를 즐길 수 있고, 크리스마스 시즌에는 LED 전구나 장식품을 활용해 크리스마스 트리로 꾸미기에 좋습니다.

직사광선보다는 밝은 간접광을 선호하며 통풍이 잘되는 곳에서 키우면 더욱 건강하게 자랍니다. 물은 흙 표면이 마르면 충분히 주되, 과습은 피합니다.

• **몬스테라 델리시오사**

천남성과에 속하는 몬스테라는 멕시코와 중앙아메리카의 열대 우림이 원산지인 식물입니다. 대표적으로 '몬스테라 보르시지아'와 '몬스테라 델리시오사' 두 종류로 나뉘는데, 델리시오사는 보르시지아보다 잎이 크고 더욱 웅장하게 자라는 것이 특징입니다.

성장 속도가 빠른 편이라 작은 개체도 금세 대형 식물로 키울 수 있습니다. 적당한 간접광에서도 잘 자라지만, 충분한 빛을 받을수록 잎이 더욱 커지고 구멍도 많아지는 특징이 있어요. 과도하게 물을 주면 뿌리가 썩을 수 있으므로 주의합니다. 흙에 펄라이트나 바크 등을 섞어 배수력을 높여 주면 더욱 건강하게 키울 수 있습니다.

**Greenus Story**

**몬스테라 델리시오사의 열매**

이름에서도 알 수 있듯이, '델리시오사(Deliciosa)'는 '맛있다'는 의미를 가지고 있어요. 완전히 익은 열매는 바나나, 파인애플, 망고를 섞은 듯한 달콤한 향과 맛을 지니고 있지만, 덜 익은 상태에서는 독성이 있어 섭취 시 입안이 따끔거리고 위장 장애를 유발할 수 있습니다. 따라서 반드시 완전히 익힌 후에만 먹어야 해요. 저는 식물 친구가 온실에서 직접 키운 몬스테라 델리시오사 알보의 열매를 하나 받은 적이 있습니다. 임신 중이라 직접 맛보지는 못했지만, 향을 맡아 보니 새콤달콤한 파인애플 향이 퍼지는 게 신기했어요. 실내에서는 열매를 맺기가 어려운 식물이라 더욱 특별하게 느껴졌습니다.

# 서재

식물이 함께하는 서재는 많은 장점을 가지고 있습니다. 작은 식물 한두 개만 놓아도, 서재는 단순한 업무 공간을 넘어 자연과 교감할 수 있는 장소가 됩니다. 식물은 공간에 생기를 불어넣을 뿐 아니라 눈의 피로를 덜어 주고 스트레스를 완화하며, 집중력을 높이는 데도 도움을 줍니다. 일을 하는 가운데 식물과 함께하는 시간이 생기면, 하루 중 짧은 순간이라도 마음을 가다듬는 여유를 가질 수 있습니다.

## 식물등 활용하기

서재는 창이 작아 자연광이 부족한 경우가 많으므로, 식물등을 새로 추가하거나 기존 조명의 전구를 식물 전구로 교체해 부족한 빛을 보완해 주면 좋습니다. 벽 등을 설치하면 공간 활용도가 높아지지만, 벽을 뚫기가 부담스럽다면 가벽을 활용하는 방법을 추천합니다. 가벽을 원하는 위치에 세운 뒤 케이블 타이로 가벽에 벽 등을 고정하면 됩니다. 벽에 구멍을 낼 필요가 없고, 조명 위치를 바꾸고 싶을 때도 가벽만 이동하면 되어 훨씬 편리합니다.

책상 위에 공간 여유가 있다면 스마트 식물등을 올려 둘 수도 있습니다. 타이머 기능, 빛 강도 조절 기능 등을 갖춘 스마트 식물등은 식물의 생장 주기에 맞춰 최적의 빛을 제공합니다. 흙에 꽂아서 사용하는 방식의 화분꽂이형 식물등은 공간을 차지하지 않으면서 원하는 방향과 높이로 빛을 조절할 수 있습니다.

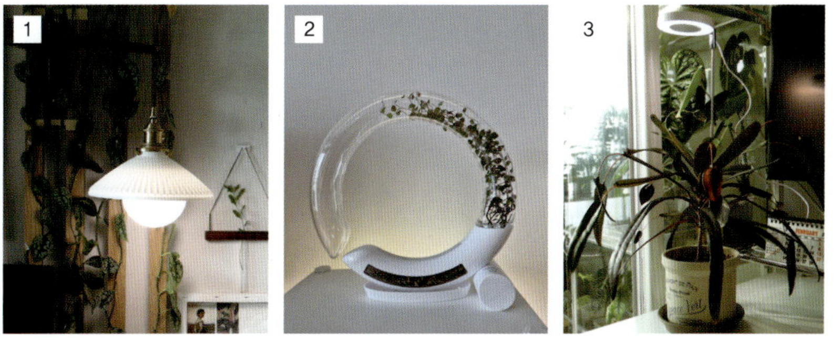


**1.**가벽에 설치한 벽 등 **2.**스마트 식물등(윙크트리) **3.**화분꽂이형 식물등

## 소형 식물 활용하기

서재는 자연광이 부족하거나 공간이 협소한 경우가 많기 때문에, 느리게 자라면서도 실내 환경에서 잘 적응하는 식물을 선택하는 것이 좋습니다.

### 추천 소형 식물

**• 이오난사**

▲ 이오난사 텍토룸

▲ 이오난사 무드등 화분

흙 없이도 자라는 특별한 식물로, 책상 위를 깔끔하게 유지하면서 키울 수 있어 서재에 잘 어울립니다. 조약돌, 조형물, 작은 접시 등에 올려 두어 자유롭게 스타일링이 가능합니다. 화분 없이도 키울 수 있어 미니멀한 공간을 유지하고 싶은 분들에게 적합합니다. 뿌리는 물을 흡수하는 역할이 아니라, 나무나 바위 등에 착생하여 식물을 고정하는 역할을 합니다.

잎이 공기 중의 수분을 흡수하기는 하지만 실내 환경에서는 주기적으로 물을 주어야 건강하게 자랍니다. 분무를 해 주어도 되지만, 가장 효과적인 방법은 일주일에 한 번 정도 이오난사를 10분 정도 물에 담가 두는 것입니다. 물에서 꺼낸 후에는 물기를 제거한 뒤 통풍이 잘되는 곳에서 말립니다.

• **오일편 고사리**

신비로운 푸른빛의 광택을 가진 독특한 고사리입니다. 실내 조명 아래에서도 특유의 반짝임이 잘 살아나, 책상 위에 두었을 때 인테리어 효과를 극대화할 수 있는 식물입니다.

▲ 오일편 고사리 포자

성장이 느린 편이라 공간을 많이 차지하지 않으며, 가지치기를 할 필요가 없어 책상 위에서 관리하기 쉽습니다. 가끔 하엽지는 잎들만 제거해 주면 됩니다. 대부분의 고사리는 높은 습도를 요구하지만, 오일편 고사리는 비교적 두꺼운 잎을 가지고 있어 실내 습도 변화에 잘 적응합니다. 고사리과 식물의 특징으로 잎 뒷면에 포자가 발생하는데, 처음 보면 벌레로 오해할 수도 있지만 이는 고사리의 자연스러운 번식 과정이며 해로운 것이 아닙니다. 시간이 지나면 미세한 포자 가루가 떨어질 수 있어, 가끔 가볍게 닦아 주는 것이 좋습니다.

• **부작 난초**

▲ 부작된 불가사리 호접난

▲ 네트망에 걸기

부작 난초는 나무나 유목에 착생하여 자라는 난초로, 뿌리가 공기 중에 노출되어 있어 과습 위험이 적어 화분에서 키우는 난초보다 훨씬 관리가 편리합니다. 흙 없이 공중에 걸어 키울 수 있어 공간을 많이 차지하지 않으며, 서재의 벽이나 책장 등에 걸어 연출하기 좋습니다.

실내가 너무 건조하지 않게 습도를 유지하고, 손으로 만졌을 때 수태가 건조하면 바로 물을 줍니다. 샤워기로 전체적으로 물을 뿌려 수태가 충분히 젖도록 하거나, 물에 부작 난초를 통째로 5~10분간 담갔다가 꺼내 물기를 가볍게 털어냅니다. 분무기로 수태를 적셔 줘도 괜찮습니다. 봄여름 성장기에는 물을 줄 때 물에 희석한 액비를 함께 주면 뿌리 흡수가 원활해집니다. 여러 개의 부작 난초를 키울 때는 네트망에 걸어 두면 보기에도 깔끔하고, 한 번에 이동해 물을 줄 수 있어 관리도 간편합니다.

**TIP!**

**난초 부작 방법**

준비물: 난초, 소독한 가위, 나무판, 불린 수태, 낚싯줄 또는 우레탄 실

① 난초 분리 및 뿌리 정리하기: 난초 화분을 물에 담가 충분히 적신 후 난초를 화분에서 꺼냅니다. 난초 뿌리에 붙어 있는 수태, 바크 등을 살살 풀어 털어내고 말랐거나 썩은 뿌리는 소독한 가위로 잘라냅니다.

② 수태, 난초 올리기: 나무판에 적당량의 불린 수태를 올리고, 그 위에 난초 뿌리를 올립니다. 추가의 불린 수태로 난초 뿌리를 잘 덮습니다.

③ 난초 고정하기: 낚싯줄로 수태와 나무판을 잘 고정해 묶습니다.

### • 미니 테라리움

미니 테라리움은 투명한 유리병이나 작은 아크릴 용기 안에 이끼와 소형 식물을 조합해 만듭니다. 제주애기모람, 보석란, 나무이끼 등의 식물이 잘 어울립니다. 서재에 두면 작은 정원을 축소해 놓은 듯한 느낌을 더할 수 있습니다. 물을 자주 주지 않아도 내부의 습기가 유지되어 관리가 매우 쉽습니다. 테라리움 만들기 키트를 사용하면 재료를 각각 구입할 필요 없이 쉽게 만들 수 있습니다.

간혹 테라리움의 흙 표면이나 유리 벽면에 하얀 곰팡이가 생기는 경우가 있습니다. 이럴 때는 뚜껑

을 잠시 열어 내부의 습기를 빼고 통풍이 잘되는 자리로 옮겨 주기만 해도 상태가 나아지는 경우가 많습니다. 그래도 곰팡이가 사라지지 않는다면 과산화수소수를 물에 약 1:100 비율(3% 과산화수소수 기준)로 희석한 용액이나 편백수를 뿌려 주세요. 곰팡이가 많이 퍼지지 않았다면 그 부분만 조심스럽게 제거해 줘도 좋습니다.

**TIP!**

**미니 테라리움 만드는 방법**

준비물: 투명한 용기, 난석, 마사토, 상토, 생 수태, 테라리움용 식물, 핀셋

TIP 말리지 않은 생 수태는 수분을 유지하고 테라리움 속 식물이 잘 자라도록 돕습니다.

① 배수층 및 토양층 만들기: 투명한 용기 바닥에 난석이나 마사토로 배수층을 깔고 그 위에 상토를 올려 토양층을 만듭니다. 스프레이로 가볍게 물을 뿌려 촉촉하게 만듭니다.

TIP 테라리움에는 배수구가 없기 때문에 배수층을 잘 만들어야 과습을 방지할 수 있습니다. 배수층에 활성탄(숯)을 추가하면 수분을 조절하고 곰팡이를 방지하는 데 도움이 됩니다.

② 생 수태 및 식물 심기: 생 수태를 잘게 잘라 토양층 위에 골고루 뿌린 다음 테라리움에 적합한 이끼류, 정글플랜트 등을 심습니다. 손이나 핀셋으로 뿌리를 살짝 눌러 주면서 흙과 밀착되도록 심습니다. 공간에 여유가 있다면 돌, 미니 피규어, 유목 등을 추가해 감각적인 미니 정원을 연출할 수도 있습니다.

1 2-1 2-2

▲ 2달 후의 테라리움

# 주방

요리와 식사를 하는 공간인 주방은 식물을 키우기에는 다소 까다로운 환경일 수 있습니다. 창문이 작거나 없어 햇빛이 부족한 경우가 많고, 온도와 습도가 수시로 변하며, 음식을 다루는 공간인 만큼 위생적인 관리가 필수적이기 때문입니다. 주방에서는 먼지가 날리거나 벌레가 생길 걱정이 없는 수경 재배 식물을 추천합니다.

## 수경 재배 식물 활용하기

수경 재배 식물은 흙 없이 물만으로 키울 수 있어 위생적이고 관리가 편리합니다. 빛이 부족한 곳에서 수경 재배로 키우면 영양분이 부족해 자라는 속도가 느리지만, 이것은 오히려 장점이 될 수도 있습니다. 너무 빨리 자라면 가지치기를 해 주어야 하고, 공간을 옮겨야 하는 번거로움도 있으니까요. 주방에는 싱크대가 있어 물을 쉽게 갈아 줄 수 있기에 수경 재배 식물을 관리하기에 최적의 환경이기도 합니다. 싱크대 옆 선반에 작은 유리병을 두고 식물을 키우면 물을 갈아 주기도 편하고, 음식을 조리할 때도 시각적으로 싱그러움을 느낄 수 있습니다. 식탁 중앙에 놓인 작은 화병은 식사 시간을 산뜻하게 만들어 주기도 합니다.

## 수경 재배 방법

수경 재배를 위해서는 입구가 너무 좁지 않은 반투명한 유리병을 선택하는 것이 좋습니다. 반투명한 유리병은 빛을 적절히 걸러 주어 뿌리 건강을 유지하는 데 도움이 되면서도 물과 뿌리 상태를 확인할 수 있습니다. 투명한 유리병밖에 없다면, 안 쓰는 화분에 병을 넣어 뿌리를 햇빛으로부터 보호하는 동시에 예쁜 화분으로 인테리어 효과까지 더할 수 있습니다.

저는 유리병이 부족할 때 플라스틱 테이크아웃 컵을 활용해 수경식물을 키우기도 합니다. 단, 물이 증발하거나 식물이 성장하면서 무거워지면 가벼운 플라스틱 컵이 쉽게 쓰러질 수 있으므로 이럴 때도 안 쓰는 화분에 넣어 안정적으로 관리하고 있습니다.

식물을 물에 넣을 때는 뿌리를 깨끗이 세척한 후 넣습니다. 흙에서 키우던 식물을 수경 재배로 전환할 경우, 뿌리에 묻은 흙을 완전히 제거해야 합니다. 흙을 제거하지 않으면 물이 오염되고 악취가 발생할 수 있으며, 흙 속에 남아 있던 미생물이나 세균이 물속에 증식하여 뿌리가 썩을 수 있습니다. 흐르는 물에 씻거나, 미지근한 물에 잠시 담가 두었다가 부드러운 솔로 살살 닦아 주면 됩니다. 뿌리가 긴 식물은 작은 자갈이나 하이드로볼을 이용해 고정하면 안정적입니다.

물은 뿌리가 잠길 정도로만 채우고 탁해지기 전에 갈아 줍니다. 물을 갈아 줄 때마다 뿌리 상태를 확인해 갈색으로 변하거나 물컹해진 뿌리는 자르고, 용기 내부도 깨끗이 씻어 주면 좋습니다.

## 추천 수경 재배 식물

### • 필로덴드론 옥시카르디움

하트 모양의 잎이 자연스럽게 늘어지는 식물입니다. 같은 덩굴식물인 스킨답서스와 비슷한 형태지만 잎이 좀 더 부드럽고 스킨답서스만큼이나 강한 생명력을 가졌습니다. 필로덴드론 옥시카르디움은 라임, 그린, 브라질, 바리에가타 등 색감과 무늬에 따라 다양한 품종이 있습니다. 그중에서도 그린과 브라질이 특히 키우기 쉬운 편이라 초보 가드너에게 추천합니다.

필로덴드론속 식물들은 줄기에 기근이 있기 때문에 마디 사이를 잘라 물에 꽂아 두면 쉽게 뿌리를 내립니다. 이때 물속에 잠기는 줄기 부분의 잎은 떼어 내는 것이 좋습니다. 또한 자른 줄기를 바로 물에 넣으면 흰 수액이 나와 물이 탁해지므로, 수액을 잘 닦고 말린 후에 넣는 것이 좋습니다. 바로 물에 넣었다면 물을 자주 갈아 줍니다.

**• 필로덴드론 미칸**

깊고 부드러운 색감과 벨벳 같은 잎의 질감이 매력적인 식물입니다. 잎이 한 가지 색으로 보이지 않고 빛의 각도에 따라 초록빛, 브론즈빛이 감돌며 오묘한 매력을 뽐내는 것이 특징입니다. 자라면서 자연스럽게 줄기가 늘어져 벽 선반 위에서 흘러내리듯 키우거나 높은 유리병에 꽂아 길게 늘어뜨리면 감성적인 플랜테리어를 완성할 수 있습니다. 다른 필로덴드론보다 잎이 얇고 가벼운 편이라 작은 바람에도 살랑이며 생동감을 더해 주는 것도 미칸의 매력입니다.

**• 워터코인**

작고 둥근 잎이 마치 작은 연잎처럼 퍼지는 모습이 매력적인 수생 식물입니다. 한눈에 보기에도 신선하고 깨끗한 느낌을 주며, 수경 재배에 완벽히 맞는 식물 중 하나입니다. 워터코인은 원래 물속에서 잘 자라기 때문에 특별한 적응 과정이 필요 없습니다. 물만 깨끗하게 유지하면 문제없이 성장하는 편이므로 3~5일에 한 번씩 물을 갈아 주는 것이 좋습니다. 성장 속도가 빠르고 생명력이 강하기 때문에 한 줄기만 꽂아도 금세 여러 개로 번식하며 풍성하게 자라납니다. 수가 너무 많아지면 일부 정리해 주는 것이 좋습니다.

• **홍콩야자(쉐프렐라)**

작은 잎이 방사형으로 둥글게 퍼지는 모습이 매력적인 식물입니다. 새순이 돋아날 때는 마치 아기 손을 오므린 듯한 형태를 하고 있다가, 시간이 지나면서 점점 펼쳐지며 성장합니다. 공기 정화 능력이 뛰어나 요리를 하면서 발생하는 이산화탄소와 공기 중의 불순물을 정화하는 데 도움을 주며, 촉촉한 잎이 실내 습도를 적절하게 유지하는 역할도 합니다.

따뜻한 공간에서 키우면 더욱 건강하게 자라며, 밝은 간접광에서 꾸준히 관리하면 윤기 나는 선명한 잎을 감상할 수 있습니다. 하나의 줄기가 길게 자라도록 외목대로 키우면 키 큰 나무처럼 우아한 분위기를 연출할 수 있고, 가지치기를 하면 곁가지가 나와 풍성한 형태로도 만들 수 있습니다.

PART 4.

# 식집사들이 자주 묻는 Q&A

## Q. 식물을 크게 키우는 팁이 있나요?

**A.** 실내에서 식물을 키울 때는 크게 키우고 싶은 식물과 그렇지 않은 식물의 구분부터 해야 합니다. 공간이 한정된 만큼, 무작정 모든 식물을 크게 키우면 관리에 부담이 될 수 있어요.

식물을 크게 키우는 가장 기본적인 방법은 뿌리의 성장 환경을 충분히 확보해 주는 것입니다. 이를 위해서는 정기적인 분갈이와 화분 사이즈 업그레이드가 필요합니다. 특히 몬스테라처럼 뿌리의 성장에 민감한 식물은 화분이 뿌리로 가득 차면 '얼음' 상태에 들어간 듯 성장이 더뎌지는 현상이 종종 나타납니다. 이런 상태에서는 물과 비료를 주어도 반응이 거의 없으니 뿌리 상태를 확인해 분갈이를 해 주는 것이 좋습니다. 기근이 발달하는 식물은 기근을 흙 속으로 유도하거나 수태봉을 촉촉하게 유지해 발달시키면 식물의 크기를 키우는 데 도움이 됩니다.

▲ 수태봉 위로 자란 기근

식물의 성장 방향도 고려해야 합니다. 줄기와 뿌리가 흙 위를 기듯 뻗어 나가는 식물은 옆으로 긴 형태의 화분을 사용하는 것이 좋고, 수직으로 자라는 식물은 지지대를 세워 주면 잎 크기와 모양이 더 커지고 선명해지는 경향이 있습니다.

공중습도 또한 식물의 잎 크기에 영향을 미칩니다. 대부분의 관엽식물은 원래 열대와 아열대 지방에서 자라기 때문에 건조한 실내에서는 잎이 작고 마른 상태로 자라기 쉽습니다. 가습기를 사용하거나 잎에 분무를 자주 해 주어 습도를 50~70% 정도로 유지하면 잎이 넓고 두껍게 펴지며 건강하게 자라납니다.

식물이 활발히 자라는 봄과 초가을에 알비료를 소량 사용해 영양을 공급하면 생장에 도움이 됩니다. 비료를 줄 때는 식물이 성장 중인지, 스트레스를 받고 있지는 않은지 상태를 먼저 살펴보아야 합니다.

## Q. 많은 식물들에게 물을 쉽게 주는 방법이 있나요?

**A.** 화분 수가 적을 때는 일일이 흙을 만져 보고 물을 줬지만, 식물이 많아진 지금은 대부분의 식물은 주 1회 일괄적으로 물을 주는 방식으로 돌보고 있습니다. 이 주기를 맞추기 위해 식물의 수분 요구도에 따라 분갈이할 때 흙 배합을 조절하는 편이에요. 증산작용이 활발한 식물은 상토를 많이 섞어 보수력을 높이고, 뿌리가 다소 건조한 환경을 선호하는 식물은 펄라이트나 바크를 더해 배수성을 높여 주 1회 물 주기에 맞게 분갈이합니다.

몇 년간 함께 지내며 식물들의 성향을 어느 정도 파악했기 때문에 이런 관리가 가능하지만, 새로 들인 식물들은 적응할 때까지 자주 관찰하며 물을 주고 고사리처럼 물을 좋아하는 식물은 2~3회 추가로 물을 줍니다. 욕실로 옮기지 않고 화분의 제자리에서 물을 줄 때는 5L 대용량 전동 물조리개를 사용하면 물을 채우러 오가는 번거로움을 줄일 수 있습니다.

## Q. 잎 상태가 이상한데, 과습인지 물마름인지 모르겠어요.

**A.** 과습과 물마름 두 경우 모두 잎끝이 마르고 노랗게 변하는 증상이 나타날 수 있어 혼동하기 쉽습니다. 잎만 보고 판단하지 말고 흙과 뿌리를 확인해야 합니다.

과습일 때 잎은 끝부터 노랗게 변하거나 검게 물러지고, 힘없이 축 처지거나 떨어집니다. 일부 식물은 잎이 반투명하게 변하거나 흐물흐물해지기도 합니다. 과습 여부를 확인하려면 흙을 손가락으로 2~3cm 정도 파서 속까지 축축한지 살펴봅니다. 겉흙은 말라도 속흙은 여전히 젖어 있을 수 있습니다.

반대로 과도한 물마름일 때는 잎이 전체적으로 바삭하게 마르거나 끝이 갈라집니다. 잎이 오그라들거나 주름이 나타나기도 합니다. 화분을 들어 보면 가볍게 느껴지고, 흙을 만졌을 때 바싹 마른 느낌이 납니다.

과습을 해결하려면 먼저 물 주기를 중단하고 환기를 충분히 시켜 흙을 말립니다. 증상이 심할 경우 식물을 화분에서 꺼내 뿌리 상태를 직접 확인해 보세요. 무르고 썩은 뿌리는 모두 제거한 다음 배수가 잘되는 흙으로 갈아 줍니다. 고인 물이 남아 있으면 뿌리는 다시 쉽게 손상되니, 화분 받침에 물이 고이지 않도록 관리합니다.

물마름을 해결하려면 충분한 양의 물을 한 번에, 천천히 흙 전체에 스며들도록 줍니다. 흙이 너무 건조해 물을 튕겨 내는 경우도 있으므로 분무기로 흙 표면을 가볍게 적신 후 물을 주거나, 화분째 물에 10~20분 정도 담가 저면관수로 자연스럽게 수분을 흡수하도록 유도하면 좋습니다.

가장 밑에 달린 오래된 잎이 노랗게 변했다면 자연스러운 하엽일 가능성이 큽니다. 이것은 식물이 성장하면서 더 이상 필요하지 않은 잎을 스스로 정리하는 과정이므로 걱정하지 않아도 됩니다. 하엽은 가볍게 자르거나 손으로 떼어내 정리하면 됩니다.

▲ 하엽

## Q. 집을 비울 때 식물 관리는 어떻게 하나요?

**A.** 많은 식물을 키우는 저를 보고 “여행은 갈 수 있나요?”라고 묻는 분들이 많습니다. 저는 식물도 좋아하지만 여행도 정말 좋아하는데요. 여행을 갈 때는 다음과 같은 6가지 방법으로 식물을 위한 준비를 해 두고, 일정이 일주일 이상인 경우에는 추가로 지인에게 물 주기도 부탁하고 있어요.

### (1) 물 주는 일정 조정하기

물 주는 주기를 미리 체크해서, 여행을 떠나는 날이 식물에 물 주는 날과 최대한 일치하도록 조정하는 것이 좋습니다. 예를 들어 평소에 수요일마다 물을 주던 식물이 있고 여행이 토요일이라면, 미리부터 반나절에서 하루 정도씩 물 주기를 늦춰 토요일에 물을 줄 수 있도록 합니다.

### (2) 여행 직전 충분히 물 주기

여행 가기 전날이나 당일 아침에는 모든 식물에 충분히 물을 줍니다. 물을 줄 때는 겉흙만 적시지 말고, 배수구에서 물이 흘러나올 때까지 충분히 흡수되도록 줍니다.

### (3) 물을 좋아하는 식물은 저면관수하기

고사리, 부작 난초처럼 물을 좋아하는 식물은 저면관수를 해 두어 흙이 아래에서부터 천천히 물을 흡수할 수 있도록 하면 일주일 정도는 버틸 수 있습니다.

▲ 부작 난초 저면관수

### (4) 창가에서 거리 두기, 식물등 끄기

여름철이라면 창가에 있는 작은 화분들은 흙이 금방 마를 가능성이 큽니다. 식물은 일정 기간 빛이 부족해도 잘 견디지만, 흙이 바짝 말라 뿌리까지 건조해지면 회복이 어려우므로 창가에서 살짝 떨어뜨려 놓고 식물등은 꺼 두는 것이 좋습니다. 이렇게 하면 약간 웃자랄 수는 있지만, 식물이 말라 죽는 것을 방지할 수 있습니다.

### (5) 통풍 및 온습도 장치 활용하기

통풍이 부족하면 곰팡이나 해충이 생길 가능성이 커지므로 서큘레이터나 선풍기를 타이머로 설정해 두어 하루에 몇 번씩 공기 순환을 시켜 주면 좋습니다. 스마트폰 원격 조정 기능이 있는 에어컨, 가습기를 활용하면 여행 중에도 실내 온습도를 확인하고 필요에 따라 조절할 수 있습니다.

### (6) 예민한 식물은 지인에게 맡기기

환경 변화에 민감한 식물이나 물 주기 간격이 짧은 식물, 비싸거나 특별히 아끼는 식물이라면 믿을 만한 지인에게 맡기는 것도 좋은 방법입니다. 이때 물 주는 방법과 주기를 간단하게 정리해서 알려주면 좋습니다.

## Q. 건강한 식물은 어떻게 고르나요?

**A.** 온라인에서 식물을 구매할 때는 실물을 직접 확인할 수 없으므로 믿을 수 있는 업체에서 구매하는 것이 가장 중요합니다. 후기와 평점이 좋은 판매처를 선택하고, 식물의 실물이 아닌 대표 사진만 올려 둔 곳은 피하는 것이 좋습니다. 가능하면 사진 속 식물이 실제 배송될 식물이라는 '동일 상품' 표시를 보고 구매하는 것이 안전합니다. 배송 중 식물이 손상될 가능성이 높으므로 포장이 꼼꼼하게 되어 있는지도 확인합니다.

오프라인에서 식물을 구매할 때는 확인할 수 있는 몇 가지 기준이 있습니다. 먼저, 새잎이 나오고 있다는 것은 식물이 활발히 자라고 있다는 신호입니다. 기존의 잎이 건강해 보여도 새잎이 없다면 성장세가 약해져 있을 수도 있습니다.

잎 뒷면과 줄기를 유심히 살펴보세요. 작은 반점이나 끈적이는 액체, 거미줄 같은 것이 있다면 해충이 있을 가능성이 큽니다. 잎이 군데군데 노랗게 변하거나 갈색 반점이 있다면 병이 들었을 수 있고, 잎이 축 처져 있거나 물렀다면 뿌리 상태가 나쁠 가능성이 있습니다. 줄기가 너무 길게 웃자라 있다면 빛을 충분히 받지 못한 상태일 수 있습니다.

화분 밑 배수구도 살펴보세요. 건강한 뿌리가 보이는 것이 이상적입니다. 뿌리가 너무 많이 튀어나와 있다면 뿌리가 엉켜 있는 상태일 수 있고, 반대로 뿌리가 너무 적거나 없다면 아직 충분히 자리 잡지 못한 식물일 수 있습니다.

식물의 전체적인 균형과 형태도 살펴보세요. 잎과 가지가 한쪽으로 치우치지 않고 골고루 퍼져 있는 것이 좋습니다. 특히 고무나무, 올리브나무 등 목본식물을 고를 때는 생장점이 건강하게 살아 있는지 확인합니다. 생장점이 잘려 있으면 원하는 형태로 키우기 힘듭니다.

▲ 새잎 확인

▲ 건강한 뿌리 확인

## Q. 내 취향에 맞는 식물은 어떻게 찾을 수 있을까요?

**A.** 화원에 가 보면 자연스럽게 시선이 가는 식물이 있을 거예요. 늘어지는 잎을 가진 식물에 끌릴 수도 있고, 동글동글 귀여운 잎을 가진 식물을 좋아할 수도 있죠. 색감이 매력적인 식물이나 꽃이 피는 식물이 눈에 들어올 수도 있습니다.

인스타그램, 핀터레스트 같은 사진 위주의 SNS 플랫폼을 활용해 보는 것도 좋은 방법입니다. 다양한 식물 사진을 보면서 내가 어떤 스타일의 식물에 끌리는지 파악할 수 있어요. 특정 식물의 성장 과정이나 어울리는 인테리어 스타일 등을 둘러보다 보면 내 식물 취향이 좀 더 명확해지기도 합니다.

물론 취향은 시간이 지나면서 변하기도 합니다. 저 역시 처음에는 단정한 느낌의 초록 식물들만 키우다가, 점점 크고 웅장한 수형을 가진 식물이나 독특한 잎을 가진 식물로 관심이 넓어졌어요. 어떤 식물이 내 마음을 사로잡는지 알아보며 나만의 반려 식물을 찾는 재미를 느껴 보세요.

## Q. 식물 구매처를 추천해 주세요.

**A.** 저는 주거지가 경기도라 자연스럽게 수도권에 위치한 화원을 자주 찾습니다. 경기도에는 규모가 큰 화원이 밀집해 있어 식물 구경하기에 참 좋은 환경입니다. 대부분의 오프라인 매장은 자체 온라인몰도 함께 운영하고 있어 멀리 있는 분들도 택배로 구매할 수 있어요.

가끔은 비정기적으로 열리는 '식물 마켓'에도 들르곤 하는데요. 여러 업체와 개인 셀러들이 참여하며 생각보다 다양한 종류의 식물을 저렴한 가격에 구입할 수 있어, 초보 식집사 분들에게도 추천합니다.

아래에 추천하는 전국 온·오프라인 식물 구매처 리스트를 정리해 두었으니 식물을 구매할 때 참고해 보세요. 가까운 지역에 있는 화원끼리 묶어 작은 여행처럼 즐기는 식물 투어를 해 보아도 좋습니다.

※ 다음의 구매처 정보는 2025년 11월 기준입니다. 농원마다 계절에 따른 휴무일이 있거나 운영 상황이 달라질 수 있으니, 소중한 시간을 헛되이 쓰지 않도록 방문 전에 꼭 연락해 보세요.

### (1) 온라인 식물 구매처

| | 업체명 | 취급 제품 | 홈페이지 | 전화번호 |
|---|---|---|---|---|
| 1 | 식물을 키우는 감각 | 수입 희귀식물 | onsil.kr | 010-5670-8470 |
| 2 | 포에트리가든 | 관엽식물, 식재 식물 | poetrygarden.co.kr | 010-2977-5735 |
| 3 | 나오식 | 안스리움 | smartstore.naver.com/naosik | 010-5316-9647 |
| 4 | 달빛플랜츠 | 고사리 | smartstore.naver.com/moonlightplants | 010-5918-8200 |
| 5 | 줄리 보타닉 | 열대 관엽식물 | smartstore.naver.com/julie_botanic | 010-6408-2111 |
| 6 | 심폴 | 다양한 식물 | simpol.co.kr | 070-8680-8811 |
| 7 | 엑스플랜트 | 다양한 식물 | xplant.co.kr | 070-8658-2365 |

### (2) 오프라인 식물 구매처

| | 업체명 | 취급 제품 | 소재지 | 홈페이지 | 전화번호 |
|---|---|---|---|---|---|
| 1 | 두메풀밭 | 고사리, 야생화 | 경기도 고양시 덕양구 수역이길 117 | smartstore.naver.com/dupul | 031-967-1221 |
| 2 | 억불난농원 | 카틀레야 외 난초 | 경기도 고양시 일산동구 식사로 121 | - | 010-6272-3912 |
| 3 | 노가든 | 호주 식물 | 경기도 고양시 덕양구 선유길 64-22 | nogarden.co.kr | 010-2830-7266 |
| 4 | 더그린가든 센터 | 베고니아, 고사리 외 다양한 식물 | 경기도 고양시 일산동구 원당로458번길 17-1 | - | 031-964-7656 |
| 5 | 월간화원 | 미니 바이올렛 외 다양한 식물 | 경기도 고양시 일산서구 송산로334번길 116 | smartstore.naver.com/monthlygarden | 010-4963-0054 |
| 6 | 수안정원 | 야생화 | 경기도 고양시 일산서구 가좌로140번길 48-4 | smartstore.naver.com/si-wildflower | 0507-1383-2348 |
| 7 | 식사동 화훼단지 | 다양한 식물 | 경기도 고양시 일산동 식사로 7-15 | - | - |
| 8 | 서오릉 화훼단지 | 다양한 식물 | 경기도 고양시 덕양구 화랑로 407-1 | - | - |
| 9 | 한국화훼농협 본점 | 다양한 식물 | 경기도 고양시 일산서구 대화로 362 | - | 031-910-8000 |
| 10 | 헬로우가든 마켓 | 다양한 식물 | 경기도 고양시 덕양구 큰골길 61 | - | 02-371-2523 |
| 11 | 지양 하월시아 | 하월시아 | 경기도 고양시 덕양구 흥도로 397-10 | haworthia.co.kr | 010-7137-2015 |
| 12 | 예삐플라워 아울렛 | 다양한 식물 | 경기 용인시 처인구 남사읍 어진로 475-3 | - | 031-338-0701 |
| 13 | 한플라워 아울렛 | 다양한 식물 | 경기도 용인시 처인구 남사읍 어진로 271 | - | 031-526-7765 |
| 14 | 에스티아 보타닉 | 다양한 식물 | 경기 용인시 처인구 남사읍 천덕산로 400 B동 그린플랫폼 | - | 070-4632-7281 |

| | | | | | |
|---|---|---|---|---|---|
| 15 | 지앤아트 스페이스 | 다양한 식물, 토분, 물레 체험 | 경기도 용인시 기흥구 백남준로 7 | zienart.com | 031-286-8500 |
| 16 | 고기리농장 | 실외 정원식물, 베르그포터 토분 | 경기도 용인시 수지구 호수로 11-4 | gogirifarm.org | 010-7307-8070 |
| 17 | 조인폴리아 | 박쥐란 외 희귀식물 | 경기도 파주시 월롱면 황소바위길 304 | joinfolia.co.kr | 0507-1381-8456 |
| 18 | 무계획 수집공간 | 아프리카 식물 | 경기도 파주시 탄현면 헤이리마을길 26 | - | 0507-1397-2360 |
| 19 | 이원난농원 | 난초 | 경기도 김포시 문수산로 337 | leewonnan.com | 010-5527-8161 |
| 20 | 아프리카 농장 | 아프리카 식물 | 경기도 김포시 양촌읍 김포한강4로 265번길 86 | smartstore.naver.com/scjkfarm | 010-6225-9449 |
| 21 | 광명 화훼단지 | 다양한 식물 | 경기도 광명시 광명로 694 | - | - |
| 22 | 유리난농원 | 난초 | 경기도 성남시 수정구 등자로 7-2 | smartstore.naver.com/sndy | 010-2596-8909 |
| 23 | 플랜트오드 | 다양한 식물, 화분, 가드닝 도구 | 경기도 성남시 분당구 판교로610번길 1 | plant-odd.com | 0507-1328-0208 |
| 24 | 비오토프 갤러리 | 테라리움 및 비바리움 재료 | 경기도 수원시 장안구 금당로69번길 17-1 101호 | smartstore.naver.com/namemoss_ | 010-2944-7302 |
| 25 | 꽃꽃한 당신 | 희귀식물 | 경기도 화성시 동탄 기흥로257번나길 4-2 1층 | - | 0507-1305-1211 |
| 26 | 남서울 화훼집하장 | 다양한 식물 (도매 위주) | 경기도 과천시 물사랑로 241 | - | - |
| 27 | 도나랑 | 박쥐란 외 난초, 분재 | 경기도 과천시 추사로 66 | donalanc.com | 02-507-2462 |
| 28 | 보타닉 스튜디오 온실 | 다양한 식물 | 경기도 양주시 화합로 784 | smartstore.naver.com/botanicstudio | 010-2380-4622 |

| | | | | | |
|---|---|---|---|---|---|
| 29 | 야자농장 | 야자,<br>희귀식물 | 경기도 양평군 양서면<br>신원1길34번길 11 | smartstore.<br>naver.com/<br>palmplantation | 010-5534-1830 |
| 30 | 물멍풀멍<br>테라리움 | 테라리움 | 인천광역시<br>남동구 석정로 580 | smartstore.<br>naver.com/<br>maruhodo | 010-2649-0523 |
| 31 | 식물을<br>기르기엔<br>난너무게을러 | 다양한 식물,<br>화분 | 인천광역시 서구<br>장고개로231번길 15 | - | 010-5225-3486 |
| 32 | 계수난<br>꽃향기 | 난초 | 인천광역시 계양구<br>황어로115번길 24-31 | - | 032-673-6050 |
| 33 | 공감story | 희귀식물 | 인천광역시 남동구<br>장아산로 80 | - | 0507-1338-0370 |
| 34 | 땡스<br>아프리카 | 아프리카 식물 | 인천광역시 남동구<br>인주대로820번길 6 | - | 010-2120-3678 |
| 35 | 고어플랜트서울 | 아프리카 식물 | 서울특별시 용산구<br>한강대로 159 2층 | smartstore.<br>naver.com/<br>goreplantseoul | 02-790-9513 |
| 36 | 그린포레스트 | 식재된 식물 | 서울특별시 영등포구<br>가마산로61길 14-21 | smartstore.<br>naver.com/<br>greenforest81 | 010-8955-0822 |
| 37 | 개화<br>화훼단지 | 화원 단지 | 서울특별시 강서구<br>개화동 530-3 | - | - |
| 38 | 대림<br>원예종묘 | 다양한 묘목 | 서울특별시 서초구<br>헌릉로 360 | dailimseed.co.kr | 02-575-5933 |
| 39 | 성은원예 | 호주 식물 | 서울특별시 서초구<br>헌인릉1길 3 | - | - |
| 40 | 양재동<br>화훼공판장 | 다양한 식물 | 서울특별시 서초구<br>강남대로 27 | - | - |
| 41 | 주연농장 | 야자, 소철,<br>과실나무 | 서울특별시 서초구<br>신흥말길 27-6 | - | 0507-1414-5725 |
| 42 | 나이테농원 | 난초 | 서울특별시 서초구<br>헌인릉1길 22 | - | 02-2226-2238 |
| 43 | 시냇물농원 | 난초 | 강원 춘천시 신북읍<br>천전리 683-1 | - | 033-241-3829 |

| | | | | | |
|---|---|---|---|---|---|
| 44 | 단우물 난농원 | 난초 | 강원도 춘천시 신북읍 산천리 320-12 | - | - |
| 45 | 식물의정석 가든센터 | 다양한 식물 | 강원도 화천군 간동면 유촌리 1043-4 | smartstore.naver.com/ohmyplant | 010-8669-9394 |
| 46 | 티스투 | 관엽식물, 야생화 외 다양한 식물 | 충청남도 서천군 판교면 종판로887번길 65 | tistou.co.kr | 010-3410-9377 |
| 47 | 엽돈재 야생화 | 아카시아, 야생화 | 충청북도 진천군 백곡면 엽돈재길 17-23 | - | 010-4945-5083 |
| 48 | 보리난원 | 난초 | 충청남도 공주시 이인면 잣골길 135 | - | 010-4691-2064 |
| 49 | 부양란 | 난초 | 경남 진주시 미천면 벌당리 544 | buyangorchid.com | 010-4603-6962 |
| 50 | 구름바다 난원 | 난초 | 경남 고성군 마암면 석마리 63-2 | - | 010-2169-8822 |
| 51 | 풀놀이189 | 고사리 외 다양한 식물 | 경남 거제시 하청면 연구리 189 | smartstore.naver.com/99224013 | 010-3753-2989 |
| 52 | 보타미 | 다양한 식물, 가드닝 클래스 | 경남 창원시 성산구 외동반림로 270-1 | smartstore.naver.com/votami | 010-2452-9746 |
| 53 | 풀나라 하우스 | 다양한 식물 | 대전광역시 유성구 교촌동 370 | smartstore.naver.com/gardenkim | 010-6478-7749 |
| 54 | 노은 들꽃마을 | 다양한 식물 | 대전광역시 유성구 북유성대로 31-19 | - | 042-822-2297 |
| 55 | 화성난농원 | 난초 | 부산광역시 기장군 철마면 철마삼동로 141 | - | - |
| 56 | 해그린난원 | 난초 | 부산광역시 기장군 반송로 1350 4단지 | - | 010-3005-8729 |
| 57 | 난생처음 | 난초 | 부산광역시 금정구 중앙대로 2263 | smartstore.naver.com/my1st_orchid | 010-8276-8887 |
| 58 | 야자나라 | 야자, 소철 | 제주 서귀포시 이어도로 846 | - | 064-739-4549 |

작성 도움: @dudu_plants

그린어스의 꼼꼼한 식물 생활 안내서

**방구석 가드너를 위한 실내 가드닝 & 플랜테리어**

| | |
|---|---|
| 초 판 발 행 | 2026년 01월 30일 |
| 발 행 인 | 박영일 |
| 책 임 편 집 | 이해욱 |
| 저 자 | 그린어스(백일홍) |
| 편 집 진 행 | 이예은 |
| 표 지 디 자 인 | 김도연 |
| 편 집 디 자 인 | 신해니 |
| 발 행 처 | 시대인 |
| 공 급 처 | (주)시대고시기획 |
| 출 판 등 록 | 제 10-1521호 |
| 주 소 | 서울시 마포구 큰우물로 75 [도화동 538 성지 B/D] 9F |
| 전 화 | 1600-3600 |
| 홈 페 이 지 | www.sdedu.co.kr |

| | |
|---|---|
| I S B N | 979-11-434-0705-4(13520) |
| 정 가 | 21,000원 |




시대인은 종합교육그룹 (주)시대고시기획 · 시대교육의 단행본 브랜드입니다.